文坛硬汉

海明威

熊 伟◎编著

辽海出版社

图书在版编目(CIP)数据

文坛硬汉海明威／熊伟编著. —沈阳：辽海出版社，2017.6
ISBN 978-7-5451-4156-6
Ⅰ.①文… Ⅱ.①熊… Ⅲ.①海明威(Hemingway, Ernest 1899-1961)-传记 Ⅳ.①K837.125.6
中国版本图书馆 CIP 数据核字(2017)第 136811 号

责任编辑：孙德军
封面设计：李　奎

出版者：辽海出版社
　地　　址：沈阳市和平区十一纬路 25 号
　邮　　编：110003
　电　　话：024-23284381
　E-mail：dszbs@mail.lnpgc.com.cn
　http://www.lhph.com.cn
印刷者：北京一鑫印务有限责任公司
发行者：辽海出版社

幅面尺寸：155mm×220mm
印　　张：14
字　　数：218 千字

出版时间：2017 年 7 月第 1 版
印刷时间：2017 年 8 月第 1 次印刷
定　　价：29.80 元

《世界名人传记文库》编委会

主　编	游　峰	姜忠喆	蔡　励	竭宝峰	陈　宁	崔庆鹤
副主编	闫佰新	季立政	单成繁	焦明宇	李　鸿	杜婧舟
编　委	蒋益华	刘利波	宋庆松	许礼厚	匡章武	高　原
	袁伟东	夏宇波	朱　健	曹小平	黄思尧	李成伟
	魏　杰	冯　林	王胜利	兰　天	王自和	王　珑
	谭　松	马云展	韩天骄	王志强	王子霖	毕建坤
	韩　刚	刘　舫	宫晓东	陈　枫	华玉柱	崔　武
	王世清	赵国彬	陈　浩	芝　羁	姜钰茜	全崇聚
	李　侠	宋长津	汪　裴	张家瑞	李　娟	拉巴平措
	宋连鸿	王国成	刘洪涛	安维军	孙成芳	王　震
	唐　飞	李　雪	周丹蕾	郭　明	王毓刚	卢　瑶
	宋　垣	杨　坤	赖晖林	刘小慈	张家瑞	韩　兆
	陈晓辉	鲍　慧	魏　强	付　丽	尹　丛	徐　聪
	主勇刚	傅思国	韩军征	张　铧	张兴亚	周新全
	吴建荣	张　勇	李沁奇	姜秀云	姜德山	姜云超
	姜　忠	姜商波	姜维才	姜耀东	朱明刚	刘绪利

	冯 鹤	冯致远	胡元斌	王金锋	李丹丹	李姗姗
	李 奎	李 勇	方士华	方士娟	刘干才	魏光朴
	曾 朝	叶浦芳	马 蓓	杨玲玲	吴静娜	边艳艳
	德海燕	高凤东	马 良	文 夫	华 斌	梅昌娅
	朱志钢	刘文英	肖云太	谢登华	文海模	文杰林
	王 龙	王明哲	王海林	台运真	李正平	江 鹏
	郭艳红	高立来	冯化志	冯化太	危金发	仇 双
	周建强	陈丽华	叶乃章	何水明	廖新亮	孙常福
	李丽红	尹丽华	刘 军	熊 伟	张胜利	周宝良
	高延峰	杨新誉	张 林	魏 威	王 嘉	陈 明
总编辑	马康强	张广玲	刘 斌	周兴艳	段欣宇	张兰爽

总 序

  我们每个人心中都有自己崇拜的名人。这样可以增强我们的自信心和自我认同感，有益于人格的健康发展。名人活在我们的心里，尽管他们生活在不同的时代、不同的国度、说着不同的语言，却伴随着我们的精神世界，遥远而又亲近。

  名人是充满力量的榜样，特别是当我们平庸或颓废时，他们的言行就像一触即发的火药，每一次炸响都会让我们卑微的灵魂在粉碎中重生。

  名人带给我们更多的是狂喜。当我们迷惘或无助时，他们的高贵品格就如同飘动在高处的旗帜，每次招展都会令我们幡然醒悟，从而畅快淋漓地感受生命的真谛。只要我们把他们视为精神引领者和行为楷模，就会不由自主地追随他们，并深刻感受到精神的强烈震撼。

  当我们用最诚挚的心灵和热情追随名人的足迹，就是选择了一个自我提升的最佳途径，并将提升的空间拓展开来。追随意味着发现，发现名人的博大精深，发现时代赋予我们的使命，发现最真实的自我；追随意味着提升，置身于名人精神的荫蔽之下，我们就像藤蔓一般沿着名人硕大粗壮的树干攀援上升，这将极大地缩短我们在黑暗中探索的时间，从而踏上光明的坦途。

不要说这是个崇尚独立思考的年代,如果我们缺乏敬畏精神,那么只能让个性与自由的理念艰难地生长;不要说这是个无法造就伟人的年代,生命价值并不在于平凡或伟大。如果在名人的引领下,读懂平凡世界中属于自己的那本书,就能够成为最好的自己。

名人从芸芸众生中脱颖而出,自有许多特别之处。我们追溯名人成长的历程,虽然每位人物的成长背景都各不相同,但或多或少都具有影响他们人生的重要事件,成为他们人生发展的重要契机,并获得人生的成功。

名人有成功的契机,但他们并非完全靠幸运和机会。机遇只给有准备的人,这是永远的真理。因此,我们不要抱怨没有幸运和机遇,不要怨天尤人,我们要做好思想准备,开始人生的真正行动。这样,才会获得人生的灵感和成功的契机。

我们说的名人当然是指对世界和人类做出突出贡献的伟大人物,他们包括著名的政治家、军事家、发明家、文学家、艺术家、思想家、哲学家、企业家等。滚滚历史长河,阵阵涛声如号,是他们,屹立潮头,掀起时代前进的浪花,浓墨重彩地描绘着人类的文明和无限的未来,不断开创着辉煌的新境界和新梦想,带领我们走向美好的明天。

政治家是指那些在长期政治实践中涌现出来的具有一定政治远见和政治才干、掌握权力,并对社会发展起着重大影响作用的领导人物。军事家是指对军事活动实施正确指引或是擅长具体负责军事行动实施的人,一般包括战略军事家和战术军事家。

政治家、军事家大多充满了文韬武略,能够运筹帷幄,曾经叱咤风云,纵横天地,创造着世界,书写着历史,不断谱写着人类的辉煌篇章,为人们留下了许多宝贵的精神财富和物质财富。

科学发明家是指专门从事科学研究和发明,并做出了杰出贡献的人士。他们从事着探索未知、发现真相、追求真理、改造世界和造福人类的大学问。他们都有献身、求实、严谨和持之以恒的精神，都具有一颗好奇心。从好奇心出发，他们希望探知事物规律，具有希望看到事物本质一面的强烈意识与探索激情。还有就是他们都有恒心，他们在科学研究中不断努力，努力，再努力，锲而不舍，具有永不止步的追求精神。

文学家是指以创作文学作品为自己主要工作的知名人士和学者等。其中，诗人是指诗歌的创作者，小说家指小说创作者，散文家指散文创作者，而文学家则是指在诗歌、小说、散文、戏剧等各种文学体裁领域均取得一定成就的创作者，他们是人类精神财富的创造者。

艺术家是指具有较高审美能力和娴熟创作技巧并从事艺术创作劳动而具有一定成就的艺术工作者。进行艺术作品创作活动的人士，通常指在绘画、表演、雕塑、音乐、书法及舞蹈等艺术领域具有比较高的成就，并具有了一定美学造诣的人。他们是生活中美的发现者和创造者，极大地丰富着我们的生活。

哲学家、思想家是指对客观现实的认识具有独创见解并能自成体系的人士。思想主要是用言语和符号来表达的，而致力于研究思想并且形成思想体系的人就是哲学家、思想家。他们用独到的思想解决生活中遇到的问题，且在此过程中逐渐认识自我与宇宙，以此解决人们思想认识上矛盾迷惑的问题。他们是我们人类灵魂的工程师，塑造着我们的人格，探讨所有人类重要的问题和观念，并创造出一种思考和思想的能力，闪烁着智慧的光芒，照耀着人类前进的步伐，推动着人类思想和精神不断升华，使人类不断摆脱低级状态，不断走向更高境界。人是有思想和精神的高级动物，因此，哲学家和思想家是人类不可或缺的，是我们人类的伟大导师。

企业管理家是最直接创造财富的人。他们创造物质财富，推动社会不断进步，使得人们更加幸福。财富虽然只是一个象征，但它与人们的生活、国家的发展、民族的强盛等息息相关。企业家也创造巨大的精神财富，他们在追求财富过程中所表现出来的创新、冒险、合作、敬业、学习、执著、诚信和服务等精神，是我们每一个人学习的榜样。

我们追踪这些名人成长发展过程中的主要事件，就会发现他们在做好准备进行人生不懈追求的进程中，能够从日常司空见惯的普通小事上，碰撞出思想的火花，化渺小为伟大，化平凡为神奇，从而获得灵感和启发，获得伟大的精神力量，并进行持久的人生追求，去争取获得巨大的成功。

影响名人成长的事件虽然不一样，但他们在一生之中所表现出来的辛勤奋斗和顽强拼搏的精神，则大同小异。正如爱迪生所说："伟大人物最明显的标志，就是他们拥有坚强的意志，不管环境怎样变化，他们的初衷与希望永远不会有丝毫的改变，他们永远会克服一切障碍，达到他们期望的目的。"

爱默生说："所有伟大人物都是从艰苦中脱颖而出的。"因此，伟大人物的成长也具有其平凡性。正如日本著名歌人吉田兼好所说："天下所有伟大人物，起初都是很幼稚且有严重缺点的，但他们遵守规则，重视规律，不自以为是，因此才成为名家并进而获得人们的崇敬。"所以，名人成长也具有其非凡之处，这才是我们应该学习的地方。

英国著名哲学家培根说："用伟大人物的事迹激励青少年，远胜于一切教育。"为此，本套作品荟萃了古今中外各行各业最具有代表性的名人，阅读这些名人的成长故事，探知他们的人生追求，感悟他们的思想力量，会使我们从中受到启迪和教育，让我们更好地把握人生的关键，让我们的人生更加精彩，生命更有意义。

简　介

欧内斯特·米勒尔·海明威（Ernest Miller Hemingway，1899~1961），美国小说家。1954年度的诺贝尔文学奖获得者。

海明威于1899年7月21日生于芝加哥市郊橡胶园小镇。父亲是医生和体育爱好者，母亲从事音乐教育。

海明威从小酷爱体育、捕鱼和狩猎。中学毕业后曾去法国等地旅行，回国后当过见习记者。第一次世界大战爆发后，他自愿赴意大利当战地救护车司机。

1918年，海明威在前线被炮弹炸成重伤，回国休养。后来去加拿大多伦多市《星报》任记者。

1923年，海明威发表处女作《三个短篇小说和十首诗》，随后游历欧洲各国。1926年，出版了长篇小说《太阳照样升起》，初获成功，被斯坦因称为"迷惘的一代"。

1929年，海明威完成反映第一次世界大战的长篇巨著《永别了，武器》，给他带来了声誉。

1940年，海明威创作了以美国人参加西班牙人民反法西斯战争为题材的长篇小说《丧钟为谁而鸣》，并且与许多美国知名作家和学者捐款支援西班牙人民正义斗争。

1941年，海明威偕夫人玛莎访问中国，支持中国抗日战争。后又以战地记者身份重赴欧洲，并多次参加战斗。"二战"后定居古巴。

1952年，海明威名作《老人与海》问世，深受好评，翌年获普利策奖。1954年获诺贝尔文学奖。后来离开古巴返美定居。

1961年7月2日，海明威因身上多处旧伤，百病缠身，精神忧郁中用猎枪自杀。

海明威是蜚声世界文坛的美国现代著名小说家，他的创作具有鲜明、强烈的个性特征，以"迷惘的一代"的代表著称。

海明威被称为"迷惘的一代"的代表作家。"迷惘"是海明威创作个性的显著特征，是笼罩他全部作品的统一风格。

海明威的许多作品、许多主人公都给人以迷惑、怅然若失的印象，即使在那些现实性和倾向性很强的作品里，也涂上了浓重的迷惘色彩。

在海明威的作品里，最富有魅力和打动人心的，是他塑造的众多在迷惘中顽强拼搏的"硬汉子"形象。

海明威的文体风格具有简洁性、含蓄性等特点，最受人称道。他的"冰山"理论精通现代叙事艺术，海明威以此荣获诺贝尔文学奖。

海明威是一位极富传奇色彩的作家。在创作上，海明威最钟爱的主题是战争、死亡、男子汉气概和爱情。这也是他一生的主旋律。

"死亡"和"男子汉气概"，贯穿在海明威的全部创作中，成为他作品的主要风格特征，再加上简洁有力、充满生气与活力的语言，使他的创作在欧美文坛产生巨大影响，甚至在美国引起一场文学革命。

海明威的文风一向以简洁明快著称，俗称"电报式"，他擅长用极精练的语言塑造人物。

海明威创作风格也很独特，从来都是站着写作。以至他的墓碑上有句双关妙语："恕我不能站起来。"

海明威被誉为20世纪"最伟大的作家之一"。

对于海明威的评价，正如约翰·肯尼迪总统的唁电所说："几乎没有哪个美国人比欧内斯特·海明威对美国人民的感情和态度产生过更大的影响。"

目 录

天资聪颖的孩子 …………………… 001
深受祖父的影响 …………………… 006
父母的双重教育 …………………… 010
度过快乐的童年 …………………… 016
保留橡树园传统 …………………… 019
争强好胜的拳击手 ………………… 023
叛逆的文学青年 …………………… 027
不上大学渴望参战 ………………… 033
明星报的见习记者 ………………… 038
终于上战场了 ……………………… 043
血与火的洗礼 ……………………… 048
身中二百三十七块弹片 …………… 054
胜利凯旋的英雄 …………………… 058
一段痛苦的岁月 …………………… 062
重新振作起来 ……………………… 068
成为特写作家 ……………………… 072
被父母赶出家门 …………………… 077
遭受资本家蒙蔽 …………………… 083
有情人终成眷属 …………………… 088

决定定居欧洲 …… 093
在巴黎的新生活 …… 097
常驻欧洲记者 …… 103
长子约翰出世 …… 109
夫妻感情的破裂 …… 114
第一本长篇小说出版 …… 120
品尝成功的芳香 …… 125
返回美国定居 …… 130
喜欢西班牙斗牛赛 …… 135
在非洲大草原狩猎 …… 140
快艇"拜勒号" …… 144
参加西班牙内战 …… 149
丧钟为谁而鸣 …… 155
在中国度过蜜月 …… 158
在古巴的悠闲生活 …… 162
海明威的游击队 …… 166
海明威的战争功绩 …… 171
不想做广告的名人 …… 176
走进幸福的港湾 …… 179
与海军学员的聚会 …… 185
飞机失事大难不死 …… 190
《老人与海》和诺贝尔奖 …… 195
同病痛作斗争 …… 199
丧钟为作家长鸣 …… 203
附：年　谱 …… 209

天资聪颖的孩子

1899年7月21日，在美国伊利诺伊州芝加哥郊区小镇橡树园，伴随着一个婴儿响亮的啼哭声，一代文学巨匠欧内斯特·米勒·海明威诞生了。

海明威的祖父和外祖父都是参加过美国南北战争的退役军人，海明威和他的家庭一直因此而自豪。

母亲格雷丝是在上流社会的乡村俱乐部的环境里长大的。她在教堂唱诗班里唱圣歌，又是公理会和许多民间团体的活跃分子。她很重视自己一家人的文化修养。

父亲埃德是当地德高望重的妇科医生，海明威的形体在某些方面与父亲很像，只是父亲的脑袋小，身体大，眼睛也小，而且让两道浓眉遮得几乎看不清了。

海明威是埃德夫妇的长子，他有4个姐妹和1个弟弟，大姐玛塞琳、二妹厄休拉、三妹玛德琳、四妹卡洛尔；他唯一的弟弟，家中的幼子莱斯特比他小16岁。这是一个笃信宗教的家庭，姐妹们用的都是圣徒的名字。

海明威是一个天资聪颖的孩子，这种聪慧从他很小时候就展现了出来。

据说，海明威1岁生日的时候，参加了贝根为庆祝农场建仓而举行的宴会。而这个时候恰好是他第一次能单独行走。

海明威对削了皮的苹果和鱼表现出极大的兴趣，幼小的时候他把鱼唤成"姨"，把不同种类的肉统统叫做"肉"。

有一次，父亲埃德弄来一艘很好看的小木船，船头上用漆写上"温德米尔·玛塞琳"几个字。这年的整个夏天海明威和他姐姐玛塞琳就像水里的青蛙一样坐着这艘船在湖上进进出出。

姐弟俩光着脚，拿家里脸盆辅助小快艇，在浅水滩上嬉戏蹦跳。他显得特别快乐，又是跳又是笑，一会儿学狮子大声吼叫，一会儿又拿竹子当马骑。

海明威身穿一件蓝色罩衣，手里拿着根棍子去赶贝根家的羊，口里不停地发出"唏！唏！"的声音。

海明威身体结实，肌肉饱满，筋骨壮健。他的两只手甚至比他姐姐的还要粗大。一碰到不如意的事，他总是又蹦又跳，暴跳如雷。但玩的时候却循规蹈矩，一点不发脾气。

一到晚上，母亲让海明威上床睡觉，他总是很听话，常常把床头的枕头拉过去盖住眼睛，不让光线照射他。

每当母亲做祷告时，海明威总是跟在她的身旁。可是，母亲还没能说上几句话，他便一跃而起，大声地喊了一声"阿门"，表示祈祷结束了。

海明威稍稍长大以后，便对图画册着了迷，特别是一种名叫《自然界的禽鸟》的大开本月刊更使他感兴趣。

海明威也喜欢别人给他画动物漫画，看懂了便乐得哈哈大笑。他什么故事都爱听，当然，最喜欢听的是关于一匹名叫普林斯的在奥克派克给他父亲拉大车的黑马的故事。

据海明威医生说，黑马普林斯的腿很长，脖子却很短，因此吃草时不得不蹲跪下来。海明威每说一个词都要漏掉一个音。他抢在他父亲前面，大声地把"跪下"说成"跪"或"危"，接着边笑边跪在地板上，模仿普林斯吃草的样子。

有一次，海明威看到街道对面一棵树上有一只猫头鹰，他觉得猫头鹰很威武，于是又开始对有关猫头鹰的故事感兴趣。他甚至把脚趾上碰伤的痕迹说成是猫头鹰的眼睛。

海明威很有灵性，他最喜欢给人和物取各种各样的名字。他先给自己取了个名字，叫"奈尼"。这是他许多绰号中的一个。

海明威给外祖父取名"阿爸熊"，称祖母为"爱德莱德·阿妈熊"，把女佣人叫做"莉莉熊"，把他那只双头玩具摇摆马唤作"普林斯和查理"。

到了海明威两岁的时候，他需要种牛痘，他把皮肤上的斑点说成是"坏了的蓓蕾"。他还给母亲取了个绰号叫"菲蒂"。

到了 2 月份，母亲发现海明威在那本《自然界的禽鸟》画册上能准确地说出 73 种鸟的名称时，大为诧异。

年仅两岁的海明威已经具有用别的方式来表达语言的能力，他的第一个笑话是一个"蒲公英"的双关语。

在英语中，蒲公英的单词是 dandelions，而巨狮的单词是 dandy lions，海明威就把蒲公英说成是巨狮或者巨马。

海明威最可爱的地方在于他学会了亲别人的脸的艺术，亲得又响亮又富有情趣。母亲经常说："如果你有什么事不依他，他就会走过来用小手掌拍你的脸颊。而当他感到不好意思时，他就来亲你。"

海明威从不尿床，更不撒尿在身上，大家都赞扬他。母亲在这个孩子身上也省心了许多。

1910 年，当地举行旅长会的时候，两岁的海明威有生以来说出了第一句完整连贯的话语："我不认识勃费罗·比尔。"他说出这句话时那种天真可爱的样子逗得在场的选民们哈哈大笑。

海明威喜欢模仿，任何在他看来好玩的、好看的，他都喜欢模仿。有一次，父亲带着海明威去看波尼·比尔的西部电影，他很快模仿影片中牛仔的动作，骑在普林斯的背上让大人给他拍照。

4月份，父亲带海明威去看瑞格林兄弟的马戏团演出。回家后，海明威当着外祖父的面学大象走路，并一本正经地学杂技演员翻筋斗。

海明威的杂技表演车是一个3尺长2尺宽、底下镶着红轮子的木箱。这种车子是当时柏力油漆建筑公司广为宣传的商品，在各五金商店均有出售。

海明威的母亲说："这孩子2岁的时候，长得胖乎乎的，看起来像个5岁的孩子。头发淡黄，前额剪成刘海式，发端卷曲，蓬蓬松松搭在头上，皮肤赤褐色，看起来十分健壮。栗色眼睛，眉毛浓黑，一张不大不小的口，脸颊两边各有个酒窝。"

海明威很喜欢角色扮演，当母亲叫他做"荷兰玩具娃娃"时，他一边跺着脚，一边大声叫嚷："我不是荷兰玩具娃娃，我是波尼·比尔。砰！我要开枪打死菲蒂。"

小海明威有很多的绰号，除了他给自己取的奈尼外，还有家里给他取的别的绰号，如潘奇、吉普曼克还有鲍毕等。

小海明威特别喜欢唱歌，但是他唱歌时总走调，显得特别滑稽，每次都逗得爸爸妈妈开怀大笑。

贝尔湖不久改名为瓦伦湖。格雷丝还作了一支《可爱的瓦伦湖》的华尔兹乐曲，小海明威就把它改成与动物展览会有关的歌曲。

原本歌曲中是"啊，月光下的瓦伦湖"，海明威把它改成"啊，月光下的老狒狒"。这种机智聪敏的改动使他的父母亲感到十分惊喜。

"海明威，你害怕什么吗？"有一次，母亲这样问他。

"不！我什么都不害怕，不要用看小孩子的眼光看着我，我已经长大了。"每当这个时候，海明威总是气呼呼地这样回答。

海明威渴望长大，他不喜欢被束缚在家中。小小年纪而又十分聪慧的小海明威，渴望早早长大，渴望大人们把他当成大人来看待。

海明威3岁的时候，他的肩膀上就扛着一支半新不旧的老式步枪，两眼望着前方，正步前进。他大声唱着"小分队向前冲"的歌词，并把自己比作士兵。

海明威把拾来的木片、木棍比作大口径短枪、长枪、来复枪、左轮和手枪等。他身上所表现出来的勇敢和坚韧精神给家人留下了深刻的印象。

人们都说三岁看到老。这或许正如海明威的外祖父所说的："这孩子总有一天会有名声的。如果他遇事多动脑筋，走正道，将来准能出人头地。但若纵容自己，走邪路，将来坐牢也一定有他的份。"

他的外祖父真是有远见，早早就看出了海明威的巨大潜力。而海明威也没有让外祖父失望，他成了世界上最具影响力的文坛领袖之一。

深受祖父的影响

海明威的一生与战争都是分不开的,他从童年到老迈,对战争一直十分关注。他的小说中有大量的战争场面和战争背景的描写,在其著作中就有26部书的主题是战争。

不但在著作上反映战争题材,海明威本人更是亲自参加了5次重要战争,包括参加欧洲反法西斯战争和中国抗日战争。

而这些,归根结底与他的家族和成长环境是分不开的。这种崇军尚武的精神可以说源于他祖父一辈的熏陶。

海明威的祖父安森和外祖父霍尔都参加了美国南北战争。安森在南北战争中因为作战勇敢,在布尔溪战役之后,被擢升为少尉,奉密令在密西西比州招募了一支黑人部队。

安森总是喜欢回顾那个弹雨横飞的岁月、同生共死的战友以及那些辉煌的战绩。海明威兄妹几个,都是从小在爷爷讲述的关于南北战争的英勇故事熏陶下长大的。

孩子们每年都参加战争纪念日游行,羡慕地看着一身戎装的祖父在游行队伍中行进。

与祖父喜欢谈及战争相反,外祖父对于战争讳莫如深,从不愿意谈及南北战争的事情。

南北战争爆发后，外祖父霍尔毫不犹豫地参加依阿华州骑兵第一志愿团，为维护祖国统一、黑人解放而战斗。但不幸的是，1862年4月，在密苏里州的沃斯伦堡战役中，霍尔左腿负伤，子弹一直留在腿内，不得不因伤残退役。

当政府要给他发放退役金的时候，霍尔自豪地拒绝了，他说道："我自愿为我自己选择的祖国服役，是不需要报酬的。"

海明威曾在一封信中夸大地描述了外祖父的军旅生涯，他写道："霍尔说话带有浓重的英国口音。他曾在去美国南部出差时，被当做联邦军的间谍而遭痛打。他战斗了4年，并严重负伤。但他最痛恨滥杀无辜，因而以后从不愿谈及战争。"

而实际情况并非如此，根据美国华盛顿国家档案馆档案记载，霍尔受伤是"在他服役期间，而且是来自反对美国当局的敌对武装力量的枪击，但不是在执行公务时"。

如此负伤当然不是什么荣耀的事，霍尔对此讳莫如深。海明威可能是出于对外祖父的景仰而将他神化。

祖父安森喜欢颂扬美国南北战争，为此他收集并且保存着许多与南北战争有关的剪报；还经常去南方度假，和以前的退伍老兵一起回顾往昔的战斗场面。

安森经常向他的儿孙们灌输他的战争思想，而他的这一做法又受到了当时研究南北战争专家的巴顿博士的赞赏。巴顿博士写过好多本关于南北战争的书籍。

在祖父和巴顿博士的熏陶、启蒙下，海明威在童年时代就认真研读了一些军事方面的书籍，其中包括《旧约全书》，那里面有许多战争故事。

1914年的圣诞节，祖父送给海明威的圣诞礼物是一本《葛底斯堡的号角》。葛底斯堡是林肯总统发表"民有·民治·民享"政治纲领的地方。

由此可以看出祖父在海明威身上寄予了不一般的思想教育，而这种思想教育深深地映入了海明威的心中。

对于海明威对战争的痴迷，母亲曾经做过这样的描述：

> 海明威5岁半就很懂事，不偷懒，衣服全由自己穿。他喜欢用积木搭成炮台和炮，收集日俄战争的连环漫画。他还喜欢讲述关于伟大的美国的历史故事，能把美国历史上的伟大人物的有关事说出一个大概来。

正是因为祖父的影响，海明威从儿童时代就对战争特别关注，他多方搜集了19世纪末20世纪初几场战争的资料和图片，包括西班牙与美国之战、非洲南部战争和日俄战争。

"在我的童年，每隔一个月，祖父就要带我去看《一个国家的诞生》。他告诉我，看到这部影片，会让他想起从前在战场上的岁月。对此我一直十分向往。"

《一个国家的诞生》是1915年拍摄的一部有关南北战争的影片。海明威声称，在他的童年之中，他的祖父经常带他去看这部影片，这是为了教育他了解美国的历史，让他知道一个国家的成立是需要经过无数人浴血奋战才能得来的。

1918年，欧战正酣，海明威决定赴欧参战。在参战以前，他向朋友和家人吹嘘他与《一个国家的诞生》中女演员订婚的事情，为此，他的家里闹翻了天。

同年夏天，当地报纸《橡树叶》登载了海明威在意大利作战中负伤受勋的事迹，同时还刊登了他祖父安森的戎装照片。

祖父影响了海明威的一生，为了追寻祖父的足迹，海明威到过意大利、土耳其、西班牙、法国和中国。在这些国家里，他参加过5次战争。

海明威经常用崇敬的语气和他的儿子们谈及南北战争。他的长子邦比在第二次世界大战后统领黑人宪兵连。

海明威对此十分高兴，他说："嗨！知道吗，小伙子，你的祖父也曾经领导过一支黑人部队呢！"

祖父对南北战争的颂扬不但影响到了海明威的生活，让他追寻祖父的足迹和给孩子们灌输战争思想，更是深深地印刻在了他的作品之中。

海明威的作品之中，直接以战争为题材的作品多达26部，其他著作也大都是以战争为背景，或者在叙事之中提及一些战争话题。

海明威最具代表性的作品之一《丧钟为谁而鸣》，书中主人公罗伯特·乔丹将祖父在南北战争中的冒险故事和自己在西班牙内战中的经历作了对比，这正是海明威著作和生涯的真实写照，也是他一生追寻祖父风范的具体表现。

父母的双重教育

对海明威影响最大的是他的祖父,但是对他直接进行教育的,则是他的父母亲。而最让我们津津乐道的,则是海明威父母的刚强性格以及对他进行的双重教育。

海明威的父亲埃德是一位妇产科专家,在当地很有名望。埃德公务繁忙,他不但是橡树园医院妇产科主任,还是三家保险公司和一家牛奶公司的医务检查员以及两个组织机构的负责人。

埃德性格孤傲,为人严谨。他喜欢旅游,1895年,他旅游欧洲,很大程度上满足了他的这一癖好。

同时,埃德也是一位业余的小型动物和禽鸟标本制作者,喜欢把蛇储藏在密封的玻璃瓶中。除此之外,他最主要的爱好就是钓鱼、打猎和烹饪。尤其是从钓鱼和打猎中,他感到乐趣无穷。

埃德的烹饪厨艺在大学毕业的时候得到了充分表现。大学毕业的时候,埃德和他的大学同学一起去附近的山区游览,他巧妙地利用黑蘑菇做馅,加上一点野蜂蜜做成饼子。馅皮用一个空啤酒瓶子在一段剥去皮的木头上擀出来的,然后拿到正在烧烤松鼠肉的营火堆上烤。同伴们看到埃德的高超手艺,一个个都赞不绝口。

埃德是一位出色的妇产科医生，他发明了椎板切除术钳子，一生中为 3000 个孩子接过生，其中包括他的 6 个子女，很受镇上人们的景仰。

但是由于埃德经常不修边幅，留着浓重的大胡子，而且做事敏捷迅速，目光尖锐逼人，给人一种很凶悍的感觉。

海明威小时候有点怕父亲，他的姐妹、朋友也对埃德望而生畏。海明威的小弟在回忆父亲时也说他是一个凶狠的父亲，每一件事总是忙碌、紧张，干过以后又烦恼不已。

其实埃德医生是一个十分善良的人，他不修边幅和忙于繁琐小事其实与海明威的母亲格雷丝有关。

格雷丝比埃德小 1 岁，是位蓝眼金发的美人，她性格开朗大方，是一个精力充沛、颇具魅力的女人。

格雷丝是小镇上第一个骑高轮自行车的女孩子，从这里可以看出她鲜明的个性。

格雷丝是天才的女低音歌手。她 23 岁时在纽约师从一位著名声乐家，学习了 2 年；并和大都会歌剧院签约，在麦迪逊公园广场进行首场演出。

埃德首次认识格雷丝是在他上初中的时候，两人也可以说是青梅竹马，但是他们却并非一帆风顺。

埃德最初向格雷丝求婚的时候，格雷丝心中并不愿意。因为埃德的家族是移居到美洲的，而格雷丝一直以她英国祖先的荣华显赫为荣。

再者，格雷丝教授 50 个声乐学生，每月收入 1000 元；而埃德刚开始当实习医生，一月仅挣 50 元。

最后一个理由与格雷丝的性格有关，她追求享乐，不愿从事繁琐的家务。埃德允诺，婚后的家务自己一肩担，不要她操一点心。

格雷丝7岁的时候得过猩红热,一连好几个月,眼睛都看不见一点东西,几乎失明。后来,病虽然好了,但是她对光一直很敏感,常在黑屋子里待一段时间,让眼睛得以休息,而且还有了周期性头痛的毛病。

格雷丝在麦迪逊公园进行首次演出,但是由于场内的灯光太刺眼,会损害她的视力。而这个时候刚好埃德向她求婚,所以格雷丝放弃了颇有前程的舞台生涯。

1896年,埃德和格雷丝在公理会教堂结婚。婚后,埃德信守诺言,尽管医务繁忙,仍然照管各项家务。

严格来说,格雷丝并非一个合格的妻子。她文雅而有教养,但也有些固执。她讨厌洗尿布、做饭、洗碗碟、打扫房间,却钟情于音乐,弹得一手好钢琴。

她的日常生活就是教音乐、组织音乐会,把全部精力都贯注在她的演出活动和艺术生涯,而把孩子交给佣人们管理。

总体说来,格雷丝与埃德的姻缘是美满的。虽然两人都性格刚强,易于冲动,在一起生活不易协调和谐,但他们很少吵架斗嘴。

埃德倚重格雷丝非凡的活力,格雷丝则依赖埃德的稳重可靠。埃德欣赏格雷丝,乐意为她做出某种牺牲,而格雷斯则深深爱着埃德。

这两位性格迥异的父母在教育孩子的方法上表现出了惊人的差异,他们都试图把自己的兴趣灌输给子女。

埃德决心要把儿子培养成一个真正的男子汉,所以,还在海明威3岁的时候,就被父亲带到瓦伦湖的乡间别墅去避暑钓鱼。

"海明威钓的鱼都是大鱼",格雷丝写道,"他掌握鱼吃饵的时机,自个儿把鱼拖上来。他是位自然科学家,对自然界的东西样样都喜欢,诸如臭虫、石子、贝壳,各种飞鸟和动物,昆虫和花卉。"

父亲每次外出去钓鱼、打猎，都少不了把小海明威带在身边。雨下个不停，但小海明威并不感到扫兴。

海明威很爱讲话，每看到一样东西就讲个不停，一见到那美丽的湖和茂密的山林，就心满意足，看到树林里的小松鼠就开心。当划船回家时，他禁不住去帮着划上几桨。

埃德爱好各种体育活动。由于职业原因，他常常离家外出，一旦有了空闲，他就去钓鱼和打猎。

埃德一向很重实际，事事自己动手，用父亲安森从部队带回来的模具制造子弹，做水果罐头，制作蜡烛，还包馅饼吃。他尤其不喜欢孩子们沉浸在梦想中。

1909年7月21日，在庆祝海明威10周岁生日的仪式上，父亲郑重其事地将一支崭新的猎枪赠给儿子。

父亲所做的一切表明他希望儿子成为一个会钓鱼、爱狩猎，崇尚大自然和勇敢、顽强、有气魄的男子汉。当然，还应该是一个好丈夫。

而母亲则恰恰相反，她对丈夫的嗜好不赞成，在培养孩子方面更是固执己见。她希望把儿子培养成一个音乐家，以弥补自己无法再登台演出的遗憾。

为了和丈夫争夺对海明威的培养专利，夫妻还展开了一系列很有情趣的斗争。

海明威3岁时，父亲给他买了一根钓鱼竿，并带他去钓鱼。等到他6岁的时候，母亲就给他买了一把大提琴，并教他学了一年的声乐和对位法。

父亲要海明威每个星期天跟他去森林里打猎，母亲却连声催他和自己一起去教堂唱诗班。

10岁时，父亲送给海明威一支一人高的猎枪；母亲则为他举行讲究礼仪和合乎传统的生日宴会。

母亲在家中新盖的三居室房里，拥有了一间专用的音乐室，她日夜盼望海明威能坐在音乐室里演奏大提琴，举行第一次室内音乐会。

父亲却把孩子表现的另一些先兆视为至宝。他曾经发现9岁的海明威在就寝时间早已超过的时候还在烛光下阅读达尔文著作。他深信这是一种明确的表现，说明这孩子"一如其父"，必将成为名医。

说来有趣，埃德夫妇在海明威身上的这场争夺战的结果是，海明威在性格、脾气和爱好上几乎完全继承了父亲的一方。

海明威与他母亲在感情上并不十分融洽，因为他不想成为一个艺术统治下的奴隶，他有自己的广阔天地。

尽管母亲坚持要海明威学大提琴，但他却说自己就是练一百年，也不会成为一个好的大提琴手。他对母亲强迫他接受大提琴训练非常抵触。

但是，尽管海明威十分不情愿，他还是按照母亲的意思学习了大提琴。而实际上，母亲教海明威学大提琴还是有其积极作用的。

在海明威读中学的时候，他在学校管弦乐队里一直担任大提琴手，从低年级到高年级也还基本胜任。

更重要的是，对于一名优秀的作家来说，学习一些音乐技巧，是十分有必要的。这点海明威在后来也承认，并且在他创作《丧钟为谁而鸣》的对位结构中发挥了作用。

在海明威的一篇小说《过河入林》中，有感于童年音乐的熏陶，他写下过这样一段文辞优雅的描写：

> 她的声音是如此悦耳，使他回忆起帕布洛·卡萨尔斯演奏的大提琴，它使你像一个受伤者感到痛苦难耐时所得到的安慰。

母亲每年都去海上作风景写生，而且每次都带海明威一起去。后来母亲带着海明威游览了波士顿的历史遗迹。她向来以祖先的荣华显赫为荣，对儿子说起往事时总是沾沾自喜。

但是海明威对此却不以为然，在他心中，祖父和外祖父参加南北战争才是他向往的。陪伴母亲东游，他觉得索然无味，感到还不如去陪伴父亲一同打猎有趣呢！

事实上，海明威的性格也正是父母两人的双重结合，他的性情和对体育运动的爱好一如其父，同时也继承了母亲的气质和艺术才华。

度过快乐的童年

海明威的童年是无忧无虑的,在瓦伦湖畔的夏季别墅里,他度过了童年时代最愉快的日子。

那是一处宁静偏僻的荒野,未开垦的土地上长满了各种各样的野花。海明威在水池中放养了许多小狗鱼,每天观察它们长大。

海明威对父亲快速打飞鸟的本事赞佩不已。

又是新的一天,明晃晃的太阳洒进疏密有致的树林里,成了一个个小圆圈。微风吹过,小圆圈就闪动起来,跳跃起来。

四周一片静谧。偶尔传来一阵蝉鸣鸟叫,接着又是一片寂静。

"砰!砰!"突然两声枪响。

"哈哈!爸爸,又打中了,中了!"

父亲喜欢打猎,他出枪快,枪法准,一声清脆的枪响,一定有草丛里蹿飞的野鸡或芦苇间出没的野鸭应声而坠。

为了打猎,埃德无视风雨,甚至法律,有很多无所顾忌的个人主义表现。

有一次,埃德的邻居指责他滥杀,不该在禁猎季节违法捕杀禽兽。埃德不屑地反驳道:"您这位女士啊!根本别管什么法,该打鸟时,还是要打。"

10岁时,海明威随父亲到伊利诺伊南部去打鹤鸟。他在草地上奔跑,向看见的鹤鸟开枪,但一只也没打下来,而鹤鸟却纷纷哀叫着坠入草中。

海明威捡起一只鸟,把枪上好子弹,便去找父亲。

埃德一见便问:"海明威,你打到没有?"

海明威不说话,举起手中的鸟儿。

"那是只公的",医生说:"看它的白脖子,多美!"

海明威为自己撒谎感到难受,晚上偷偷地在被子里哭过。如果父亲从沉睡中醒来,他会向父亲坦白自己的错误。

海明威非常非常爱他的爸爸,因为他爸爸也很爱他。爸爸无论外出打猎还是钓鱼都把他带上,除了训练他的胆识和勇气,还手把手教他垂钓和射击。

小海明威喜欢妈妈吗?应该说也是喜欢的。可是妈妈的清规戒律太多,对他要求太严,总叫他做他不想做的事:

"海明威,把扣子扣好!你看你,像个什么样子?!"

"海明威,该拉大提琴了。"

海明威,海明威,她就是不让他有半点自由。

到了夏季别墅,一切就都不一样了,海明威得到了解放,在这里是无拘无束的,没有橡树园的那种城市的约束。

在这里,海明威可以光着脚跑路,向蓝色的天空开枪打野鸭和大雁,偶尔捕杀一只鹿;或者静静地坐着钓鱼,等待那种巨大的凸眼狗鱼上钩。

在这里,海明威得到了解脱。尽管母亲在他小小年纪时就教他大提琴,来夏季别墅度夏也没忘了把琴带来。可是琴摆在屋角,只要母亲不发话,他是不会碰一下的。

至于书,他倒是无所不读,读书所用的时间和所读书籍种类之多都与他小小的年纪不相称。

有时候父亲也带海明威到密执安州北部森林去参观印第安人的营地，印第安人简朴的生活给海明威以深刻的印象。

那里的印第安人重视自己的身体，他们教男孩在森林里独自生存的本领，教会女孩寻找草药和野菜以及做饭、织布和缝衣。这种生活似乎比橡树园人的生活更朴实、单纯。

一次，小海明威突然感到一阵尿急，忙放下手中的鸟和鞋，解开裤子，对着一棵粗粗的树干就撒起尿来。

"海明威，海明威，你在哪里？"

父亲走了一阵，猛然感到儿子没在身后。他叫了几声，却没有人回答。

原来海明威拎着裤子，正呆呆地看着不远的地上。

恐惧和好奇紧紧拽住了海明威，使他忘记了一切。就在他前方不远处，一条大蛇正和一只大蜥蜴搏斗呢！

一条比水管子稍细一点的长蛇伸长头颈，捕捉一个比它粗一倍的蜥蜴。长蛇张开血盆大口，使足劲儿把蜥蜴往下吞。

出于求生的本能，蜥蜴尽管已进蛇嘴，还一个劲儿往外挣扎，勇敢、顽强，又有几分可笑。

每当那条蛇停下来歇口气的时候，蜥蜴便能挣扎着从蛇嘴里露出后腿来。但是，蛇又一吸气，后腿又不见了。蜥蜴的粗大和力量全然无济于事。

经过15分钟的战斗，那条蛇又把头缩回到它所盘卧的地方，活生生的蜥蜴仍然在蛇肚里乱踢乱跳。

海明威眼睁睁看着蜥蜴进了蛇腹，这画面一直深深地印刻在他的脑海中，使他第一次懂得弱肉强食的道理。

保留橡树园传统

橡树园是芝加哥一个富庶的郊区,曾有"世界中产阶级之都"的美誉,别名叫"圣休村"。村里既没有豪华的厅堂,也没有可怜的贫民。许多家庭富裕美满。

海明威就出生在橡树园,他的童年就在这个安静的小城镇中度过。虽然他后来做了故乡的叛逃者,但橡树园的传统、宗教以及道德规范给他留下一生的烙印。

橡树园在历史上曾经出过"四大名人",这也是橡树园的一大自豪。不过这4个名人在走出社会后都受不了橡树园严谨寡味的清教徒生活,他们自成一格地叛逆。

这4位名人,一位是伯特·圣约翰,美国著名作家;一位是弗兰克·洛伊德·赖特,美国著名的建筑设计师;还有一位是查尔斯·吉托,总统候选人,落选后枪杀了加菲尔德总统;最后一位,就是海明威。

橡树园是一个很有特色的小镇。在这里,教堂很多,去做礼拜的人也很多。居民们都非常善良,说话时带着那种又尖又硬的基督徒语调;星期日做礼拜时戴着丝帽,十足的绅士派头。

橡树园的居民们自视清高，他们称自己为橡树园人。虽然他们中有绝大多数人都在芝加哥工作，却不承认自己是芝加哥人。

橡树园人的日常活动中心都是在学校、教堂和当地民政机构。他们大都是清教徒，生活习俗相当严谨，完全是一个典型的清教徒社会。

所谓清教，是基督教新教中的一派。它源自于16世纪时期的英国，原本是英国国教圣公会内以加尔文的宗教思想为旗帜的改革派，后来又从这一派中发展出一些脱离国教的新宗派，如公理会、长老会、公谊会等。

这些人主张清除繁琐的宗教仪式，反对奢侈生活，严格遵守《圣经》规定的道德标准。他们制定了严格的清规戒律，清教徒不许吸烟、不许喝酒、不许看戏和跳舞等。

整个橡树园都是这些清教徒，他们生活条件优越，乡土气息浓郁，具有一定的排外性。他们厌恶芝加哥，躲开了大城市的各种政治上的腐败事物。这里弥漫着温和、保守的气氛。

海明威的家庭是一个宗教家庭，这就要求好动的海明威必须要严格遵守清教的一些规章制度。

吃饭之前，他们必须先要祈祷。孩子们的早课是祈祷、读《圣经》、唱赞美诗。每个星期日都去教堂，在家守安息日，禁止一切娱乐活动。这些都必须严格遵守。

当孩子们犯错，被母亲打屁股时，都得跪倒在地，恳求主的宽恕。而海明威对此是相当反感的。

海明威的姐妹们终生笃信宗教，但海明威早在少年时期就隐隐地露出了背叛橡树园传统的苗头，而这也使海明威的母亲相当忧心。

为了使母亲安心，让她相信自己仍然一如既往地相信宗教，海明威不得不向母亲再三地保证："不要担心我是不是一个好教徒，更不必为此烦恼、哭泣。我仍是一如既往，每夜必做祈祷，高兴吧?!仅仅为了不使您烦忧，我也会是一个愉愉快快的教徒。"

这年秋天，海明威进入了安尼小姐的豪斯·英格利赛幼儿园，同时加入了由他父亲组织起来的自然学习小组阿卡西俱乐部的分部。

在春天里每个星期六上午，海明威总是同比他年龄大的同学一道大踏步地走着到树林里采集标本，或到第斯普灵河两岸的灌木丛里识别鸟类。

海明威5岁生日的时候，他的外祖父霍尔送给他一台显微镜。海明威对此兴奋不已，他兴致勃勃地看着放在显微镜底下的岩石和昆虫的标本，常常一看就是一个小时。

海明威经常跟着唱诗班唱诗，穿着高领衣服，梳着油光平滑的头发。但年幼的海明威常被这些赞美诗中的同音异义词搞得糊里糊涂，他以为大家唱的是一只"讨人喜欢的斜眼狗熊"，所以很想见一见这只有趣的斜眼动物。

海明威幼年时期心肠很软，看见一只苍蝇死了便痛哭流涕，想方设法把它放在糖水里，希望把它救活。

海明威也喜欢各种各样的动物，特别是野生动物。他很认真，喜欢和小动物们一起玩，会把它们当人看待。

少年时的海明威喜欢读书，每当父亲见他沉迷于一本书时，总要他多练练拳击，打打猎。

海明威继承了父亲在体育方面的才能，一生中都喜欢拳击、钓鱼、打猎和冒险。他的耐心和个人主义也可以说源于其父。

埃德很有耐心，做事坚忍不拔。有一次，他在自家农场一平方英里左右的土豆地里数害虫，统计它们的数量。对正常人来说，这是一项枯燥乏味的工作，但埃德大夫完成了。

后来海明威虽然很想根除橡树园的清规戒律对他的影响，但他自始至终保留了橡树园中的很多传统，比如辛勤忘我地工作、自我奋斗的精神、真心实意的作风和力戒邪恶等宗教信条。

橡树园的生活对海明威影响如此之大，以至于他借自己小说中的主人公尼克·亚当斯之口，深感遗憾地说："这些虚假观念既然已深植于你的脑海中，它也就伴你终身。"

争强好胜的拳击手

海明威14岁的时候比同龄人都显得高大,他已是一个肩宽背阔、脖子短粗的少年。

这一年,海明威进入了橡树园中学学习。橡树园中学是当时最好的中学之一,教师的待遇是伊利诺伊州中最优厚的,因而名师云集,而且这些名师都注重文科。

海明威成为一代文学大师,抛开他个人努力奋斗的因素,与他在中学时代所受的教育也是分不开的。

有一天,海明威在浏览《芝加哥论坛报》的时候,看到一则拳击训练班的招生广告,便向父亲请求,允许他报名参加。像往常一样,这件事又引起了家里的争论。

埃德对此表示赞同,对儿子敢于涉足拳击的勇气和冒险精神感到满意:儿子和自己一样热衷于各种体育活动,真是虎父无犬子啊!

但是,这件事情到了母亲那里,却遭到了坚决反对。

"不,不行!我们的儿子虽然门门功课都得了优秀,但是他花在课外活动的时间太多了,而花在音乐和学业上的时间却相对过少。另外,搞拳击又危险又难看又激烈,不适合他。"

格雷丝大摇其头,她认为拳击是一种激烈、危险和野蛮的运动,拳击手都是毫无教养的。

在母亲内心深处,还怕儿子再受到什么伤害。在海明威小时候,这个淘气的男孩从山上往下跑,口里衔着木棍,正跑得急,脚下被树根绊了一下,摔倒时木棍戳入喉咙,把扁桃体都捅出来一部分。

还有,儿子长期在湖上垂钓,小小年纪腰便有些弯,背也微驼。

她想把海明威培养成斯文知礼的绅士,便不愿儿子误入歧途,何况拳击与橡树园传统格格不入。

如果说海明威要求去学小提琴或其他乐器或者唱歌,格雷丝一定会毫不犹豫就同意他去的。但是学拳击,不行!

经过家庭会议无数次的争执、求情、磋商,终于还是父亲占据了上风,海明威能够去上他的第一堂拳击课了。不料,这险些成了他的最后一课。

教练给海明威安排的练拳对手奥赫恩是个职业拳手,此人是中量级拳手中的佼佼者,身高力大,拳法娴熟,反应敏捷。双方实力的悬殊是显而易见的。

教练把海明威带到奥赫恩面前,对后者说:"他第一次来,手下留情些。"

奥赫恩看见海明威是一个年轻的小孩子,心中对他不屑一顾,当即同意手下留情。大家都认为海明威在职业拳击家的重拳下不堪一击。

不料比赛开始后,海明威劲头十足,两人逐渐打得不可开交。职业拳手很快放弃了点到为止的打算,一轮快拳反击过去,把切磋变成一决雌雄。

几个回合后,海明威便被打倒在地,一记重拳击在他鼻子上,鲜血直流。

"这种事情我早就料到了。"海明威懊恼地对他的一个同班同学说,"但无论如何我也要试一试。"

"当时你害怕吗?"

"当然害怕啦,那家伙打起来要你的命!"

"那你何必跟他打?"

"嗨!我还没吓成那个样子。"

格雷丝见儿子负了伤,大发雷霆。但是到了第二天,海明威照样走上拳场,只不过模样有些狼狈,鼻子贴了纱布,眼睛底下又红又肿。

许多和海明威一起报名学拳击的同学纷纷自动退了学。他们吃不了那份苦。但是海明威却一直坚持下去。他是不会轻易打退堂鼓的。

一个月过去了。

两个月过去了。

30个月过去了。海明威的名头开始叫响了。

海明威一如既往,一直坚持到底,很快成了一个出色的拳击手。

1916年,海明威第一次参加了职业拳击赛。在橡树园的一次比赛中,他与瓦伦湖的一帮男孩子对抗,曾把一个男孩打得不省人事。

海明威是个出色的拳击家,无论当时还是后来的一生中,海明威从未考虑过放弃这种运动。另外,在足球场上,这个高大的小伙子也常受到撞伤、擦伤和挫伤。

随着儿子一次次受伤,做母亲的焦虑也逐渐加深,担心长子过不了青春期就可能给打得无可救药了。这也难怪,谁不心疼自己的儿子呢?

更何况,格雷丝还是一位温文尔雅的女士,来往的朋友也都是淑女绅士。而海明威却经常像个小胡同里的野小子,又是急诊医院的常客,热衷于参加危险的比赛,如果腿跌断、头打破,那可真给这个有教养有文化的家庭丢脸。

但是海明威却一点都不理解她母亲的苦心。为了学好拳击,他就像一头小公牛，不断接受各种各样的挑战。

有一次，海明威的头部挨了狠狠一拳，一只眼睛给打坏了，连医生都担心这会危及另一只眼睛。

那次，海明威又遇上了一个厉害的对手。一上场，他就盯着对方，一边心里想着："今天我一定要打败他，一定！"一边一上一下地挥动着拳头。

海明威瞅准时机，一拳打在对方的太阳穴上。对方抽拳护住脑袋，躲闪着又前进了两步，头一低，照直打出右拳。

海明威往左边一闪，进前对准对方的脸接二连三打去，一拳狠似一拳。

练习场上的伙伴发出阵阵呐喊："海明威，加油！"

他心头一热，又鼓足劲儿扑向对方。呐喊变成了号叫。

他用尽全力又一拳打中对方的太阳穴，接着又是几下，只见对方眼睛翻了两翻，倒在了他的脚下。然而，就像地上装有弹簧似的，对手腾地翻身跳起，死死抱住他，站稳了脚跟。

海明威用头猛撞了一下对方的脑门。对手急忙松开两臂，狠狠一拳打来。这一拳打得真厉害。海明威眼前一片金星，双腿一软，一下子失去了知觉。

"拳击教会我决不能躺下不动"，海明威说，"要随时准备再次冲击，要像公牛那样又快又狠地冲。有些人批评我有嗜杀的天性。他们用同样的说法批评了其他许多拳击手。我不信这一套。打拳击凭天性，但是打死人却不是为了要打死人。正大光明地打，打拳击是为了取胜，不是为了打死人。"

海明威对此满不在乎，也没有因此放弃。恰恰相反，每次被打翻在地，他总会尽快跃起身来，准备再次冲锋。

一切为了胜利，不是胜利就是毁灭，强者必胜，这就是少年时代海明威的心理和对人生的认识。

叛逆的文学青年

海明威是一个叛逆的孩子，早在少年时期他就已经隐隐地展露出了这种倾向而让母亲十分忧心。等他长大一些，到了学校，这种倾向表现得更加明显了。

海明威个性极强，凡事都喜欢争强好胜，所以样样事情争取第一。在球队里打球第一；他所喜欢的几门课程的学习成绩第一；在朋友中间出人头地也是第一。

海明威的一个同学回忆海明威颇不随和的性格时说：

> 海明威极为好胜，对任何人包括他的朋友在内均如此。他从不让任何人，包括其家庭和学校，来约束他的行动自由。他总是雄心勃勃，富于竞争性，想干什么就一定要干什么，为达此目的曾多次要应征入伍。

海明威班上一个女同学对这个1.8米的高个儿、褐色眼睛，长得英俊漂亮的小伙子的看法则是："非常自高自大，又颇固执己见，有时真让人反感，但另一方面又极具个性。"

青春期的海明威十分叛逆，他对橡树园严谨的清教徒习俗极为不满。甚至后来看到自己的名字是以他外祖父欧内斯特·霍尔的名字命名的，他都对自己的名字感到厌恶。

回顾海明威的青年时代，尽管1928年发生了父亲自杀的悲剧，他的经历还不能说是艰难困苦的。他没有成为贫穷的牺牲品，也没有挨过父母的打，更不曾被剥夺做人的权利。

但是令人难以想象的是，海明威的长篇和短篇小说中所描写的血污与残酷同他早年的生活背景恰成鲜明对比。

青春期常有郁闷之感，海明威就借运动和户外生活来解闷。他从来不是一个愁眉不展的小伙子，但也从来不曾感到心满意足。他曾两次离家出走，但每次又都回去了。

海明威的母亲对于孩子们的要求极为严格，要求他们生活必须有规律，平时也要穿戴整齐等。这些要求在今天看来算是一种规范，但是在当时，一度遭到了海明威的强烈反抗，有些抵触行为甚至非常可笑。

有一次，海明威一家正在吃晚饭，父母告诫他不要挑食，要多吃蔬菜，不要光吃肉。可是不管父母如何诱导甚至加上耳光，海明威就是不吃蔬菜。结果自讨苦吃，造成便秘，一连9天大便不通。

橡树园中明令规定不允许饮酒，但是海明威对此完全无视，他和几个好友常常聚会饮酒，一再破坏橡树园的禁酒法令。而且海明威还公然反对那个人数越来越多的禁酒队。

海明威那股热情，就跟嘉莉·内欣当初用斧头砍碎酒吧间柜台从而引起禁酒运动时一模一样。

17岁的海明威甚至夸下海口说："海明威，倒满酒杯。"当然，他不敢在家公然喝酒，并想方设法隐瞒他饮酒作乐的情况。

海明威在年龄尚小的时候就已经懂得了爱情。他最能打动人心的短篇小说之一叙述的就是他初恋的消亡。他以娴熟的笔法处理了情侣的诀别。

海明威把青年人爱情的消亡描写得像夏季的结束、暴风雨的结束，就像是"果子已被摘尽，秋风在光秃秃的果树林中呼号"。

但是在人前，海明威却又是一个极其优秀的青年。他在体育方面出类拔萃。他坚强的个性和在学业方面的优秀成绩，使他的老师都很清楚地记得他。

直到海明威循规蹈矩地从橡树园中学毕业很多年后，人们对于他的印象还是相当良好，这点从老师们对他的评价中可以看得出来。

海明威的老师这样评价他说："他是一名优等生，在文字表达方面很有天赋。进校头一年，他对于描写现实中的惊险场面就怀有无穷的兴趣。"

另一位老师是这样说的："在基督教和清教徒哺育下长大的孩子，竟然对恶棍和下等社会知道得那么清楚，描写得那么生动，使我本人和别的许多橡树园人都觉得奇怪。"

还有一位老师说："我记得，他在课内写的东西完全与众不同，在我看来简直不像布置的作业"。海明威的邻居甚至于惊讶地表示："海明威居然能写出那种书，实在叫每个橡树园人大惑不解，惊讶不已！"

诚然，如果以橡树园的传统道德来衡量，海明威的言行无疑是离经叛道，是十足的桀骜不驯的少年。但是如果说单纯地从海明威青春期叛逆的性格就武断地判定说他是一名坏蛋，或者少年时期表现不好，那可就大错特错了。

在海明威就读的那所中学的年鉴上这样记录着："没有人比海明威聪明。"

在青春期的几年里，海明威的志向单纯，他锲而不舍，持之以恒，有条有理。他每做一件事都要用尽自己的最大能力才肯罢休。

然而就是这股顽强劲儿，使他在辩论组得了演说奖，在田径队当了主管，在篮球队做了队长，而且成为水球队、步枪射击俱乐部和学校管弦乐队的成员，还被选中当校刊编辑。他要竞争，他要得胜。

在橡树园中学，海明威的知名度甚至一度超越了一些明星。

海明威多才多艺，只要是刺激、有挑战性的事情，他都觉得有兴趣。或许这与他本身的叛逆性格有关系。

有一次，学校举行了一次话剧比赛，海明威立即在班级中组织了一个团队参加。他披上假发，扮演剧中的男主角。

不过海明威的表演让众人啼笑皆非，站在舞台上的海明威只管自己随心所欲地表演。他晕头转向地在舞台上逛荡。虽然他已经尽力地施展了自己的才华，不过对于整个团队而言，却因为他而彻底搞砸，最终名落孙山。

回顾海明威的一生，这可能是他唯一一次扮演一位高贵的角色。

海明威也是一个正义感极其强烈的青年，好见义勇为。有一次，海明威正在餐厅用餐，厅内的升降机突然发生故障，升降机上有两名女服务员正在送饭，出现故障后非常危险。

海明威立即跳上前，赤手空拳抓住缆绳，和另外几个同学一起将两名女服务员救下。橡树园中学还对此特地加以报道，专门给海明威举行了颁奖仪式。

在学校的最后两年，海明威的精力主要集中在写作上。他被聘为校刊编辑，负责学校的杂志工作。

海明威回忆他的高中时代说："在高中，我有两位英语教师，一位是芳尼·比格斯小姐，另一位是迪克苏小姐。我想，她们两位是学校的那份文学杂志《写作园地》的顾问。她们两人都很好，对我特别好。因为我既是运动员,学英语又很用功。"

1917年,海明威发表了他的第一部重要短篇小说《赛皮·金根》。故事借密执安州北部奥吉布威的一个印第安人之口讲述,以对话形式写成,说的是行凶和复仇的流血事件。

《赛皮·金根》是海明威的处女作,现在读起来都很是圆润,文笔有风采,也有些血腥,让人很难想象这会是出自一个16岁的少年之手。

小说的主人公是个混血儿。短短的篇幅中就安排了两起凶杀,可见长期从事拳击项目的比赛让海明威的性格有了很强的暴力倾向。虽然小说的布局很得体,结尾也很巧妙,但是以凶杀和鲜血为内容的小说还是让一般人难以接受。

这篇小说实际上已具备了海明威风格的雏形。暴力的主题、简明的结构、轻松的对话方式,乃至于这种风格一直延续了海明威的一生。在海明威后来的作品里一直保持着这样另类的风格。

1916年11月至1917年5月间,海明威写了大约34篇故事。他的构思丰富,写得洋洋洒洒,同时他也在锻炼他最喜欢的写作技巧。

他以最完美的新闻体裁并以青年人的反叛方式,同林·拉德纳展开长期笔战,不亚于《芝加哥论坛报》的一家报纸的主笔。

此外,海明威的叛逆还表现在他创作的作品中。他曾经做过一件使学校校长感到惊恐和难堪的事情。

1916年4月,海明威在当月的校刊《高千秋》上,发表了一篇颇具几分讽刺性的小品,针对的目标则是乡村俱乐部的一伙人。

> 戴尔·巴姆斯特德先生定于明日在乡村俱乐部举行晚宴舞会。莫里斯·马塞尔曼、弗雷德·威休科克森、欧内斯特·海明威、亚伯拉罕·林肯等先生和若菲将军等都不

会出席，因而也就有了充分的证据说明他们不在犯罪现场。

然而，最让我们诧异的事情还并非他的离经叛道，而是海明威所创作的一切来源，竟然是依靠阅读《圣经》来的灵感。

一个偏好描写暴力、血腥、惊险场面的天才小说家，他一切的创作根源竟然是《圣经》，乍听之下不由得让人瞠目结舌。

不过仔细一想，似乎也就认可了。因为海明威出生在一个宗教家庭中，橡树园清规中每周末都需要去教堂唱赞美诗，对于《圣经》，海明威肯定是花过很大心思研读过的。

海明威在橡树园中学受到的良好教育，以及他在创作方面做过的尝试，为他成为一个作家打下了坚实的基础。

他写体育专栏文章时，模仿了专家们快节奏、口语化的文风，这使他毕业后成为一个见习记者受益匪浅。

一段浪漫恋情结束，海明威成熟过程中所必要经历的一个阶段也随之告终。海明威准备继续前进，自立自主，和他的同辈人生活在一起。

1917年，18岁的海明威即将毕业，他准备和学校告别，和橡树园告别，和芝加哥告别，和那枷锁般的清规戒律告别。

不上大学渴望参战

在海明威的一生中,他始终与战争紧紧联系在一起。从小时候听祖父讲南北战争开始,海明威的心中就埋下了一颗向往战场的种子。

海明威就读中学的时候,正是欧洲进行第一次世界大战的时候,但当时欧战并未影响到中立的美国。

1917年4月,第一次世界大战进入了决定性阶段,美国决定要"拯救世界",参加"圣战",在全国范围内从上到下掀起了一股军国主义、沙文主义的狂热,提出了"神圣"、"光荣"、"牺牲"的口号。

美国正式发表声明参加第一次世界大战!

报刊上充斥着煽动武装起来的文字,学校课堂里发出动员起来的号召,著名的演员、歌星被拉来为欢送赴欧参战的炮灰们举行盛大的演出。

于是,整个美国沸腾起来了。所有人心中都只有一个词语,参战,参战,还是参战。

在美国军国主义思想的煽动下,无数的热血青年纷纷踊跃报名参战。大街小巷都设有募兵局的报名点，去报名点报名的人络绎不绝。

18岁是一个躁动的年纪，18岁是一个充满了危险和诱惑的年龄。18岁的海明威在美国全国沸腾的情况下躁动不安，热血沸腾。

海明威再也没有办法安坐在教室中埋首写作了，他再也看不进《圣经》中宣扬的宁静了，他的心已经沸腾，他也要去报名参战。

教室里的人越来越稀少。大家凑在一起讨论最多的话题不再是毕业，而是报名参军。

"瓦兹罗德，听说了吗，昨天鲍威尔去报名参战了？"

"怎么会不知道？你看他那神气样儿，好像就他知道爱国似的。"

"是呀！谁不知道，现在欧战正酣，欧洲正沦入敌寇的铁蹄之下。我们是世界和平的守卫者，我们有责任和义务拯救世界和平于危难之中。走，我们也报名去。"

眼看着同学们一批批离开校园，奔赴欧洲战场，海明威再也按捺不住了。他不顾母亲反对，也去报了名。

军医们朝海明威看了一眼，便把他推到一旁。军队里不肯接受一个眼睛受过伤的青年，哪怕他身材魁梧、体壮如牛也不行。

海明威的近视也许是由于母亲的遗传，他出生的时候左眼视力就不好。当第一次去夏季别墅的时候，父亲就曾经为海明威做了一个小手术。

经过那次手术，海明威的左眼受损，10岁左右发展成近视，但在学生时代他一直没戴眼镜，总是眯着眼看远处的景物。残疾的左眼为他带来许多不便和烦恼。海明威白天从来不睡，因为白天的光线太强。但是海明威没有想到的是，左眼近视竟然会成为他应征入伍的拦路虎，哪怕他小时候同父亲一同打猎，枪法再娴熟都无济于事。

海明威怀着某种厌恶的情绪领取了毕业文凭，尽管当时学校还向他颁发了优秀成绩奖，致了祝词，仪式十分隆重。

海明威毕业了。他本来的志愿是希望能够报名参战，但是因为左眼近视的缘故这个愿望未能达成。那么，如果按照一般人的人生规划，海明威接下来就应该上大学深造了。

但是海明威从来都是特立独行，他的人生轨迹在高中毕业的时候发生了急剧的扭转。虽然海明威没能如愿参战，但是他也没有继续上大学深造。

那么海明威为什么没有上大学呢？可能你会说，海明威那么叛逆，也许他的学习成绩一点都不好，够不上大学招生的标准吧。

诚然，海明威高中时代大量参加课外活动，并且醉心于写作，在这些方面花费了大量的时间和精力，但是他在整个高中时代的成绩还是非常优秀的。我们可以抽出他的一张成绩单来举例说明：

英文：95分

古代历史：90分

美国历史：93分

法律：93分

手工：90分

科学：85分

动物：80分

化学：85分

代数：90分

几何：70分

拉丁文：75分

从这份成绩单上来看，在高中时代，海明威的英文、历史、代数和法律非常优秀，动物和化学良好，拉丁文和几何则一般。

从这份成绩单来分析，海明威是完全能够升大学的。而且当时学校还有保送名额，据说海明威是个热门人选，很多大学都纷纷向海明威抛来了橄榄枝，希望他能够来本校就读。

其中包括伊利诺伊大学，他们就直接说海明威可以保送就读。而海明威的父亲则希望孩子能够上一所医学院，将来和自己一样，成为一名优秀的医生。

由此可见，海明威没有上大学，并非是分数不够的原因。那么，是否存在其他原因呢？

根据海明威后来自己的说法，他之所以没有上大学，是因为家里没钱，家中所有的钱都被母亲用在修建新的别墅上面了。这个说法出现于他成名之后发现自己身边的朋友都上过大学，而唯独他没有。海明威是知名作家，他的说法乍听之下或许是可信的。但事实恰恰相反，海明威的人生充满了传奇色彩。

20世纪20年代的海明威是一个文雅自信的文人；30年代的他是一个狂妄自大的英雄；40年代的海明威则成了醉酒的吹牛大王；50年代末期，海明威健康遭受严重损伤，老年的海明威在公众形象方面的缺陷更是远近闻名。

在人们心目中的海明威是个傲慢的利己主义者，这种形象如此根深蒂固，以致他们看不到他性格中较文雅、深沉的一面。

海明威的好朋友在谈到他复杂的性格时说："海明威为人高尚，是个很好的朋友。他的思想和感情中充满着慷慨与热情，有时表现得多愁善感，特别沉着和谨慎，但主要的是他的性格非常复杂。"

正是因为海明威如此复杂的性格，所以他对于青少年时期的回忆往往是不足为信的，甚至他往往会为了圆谎而找一个替罪羊。

比如，海明威说他没上大学的原因是因为家里没钱的说法，就大谬不然。当时，母亲还为他不上大学大发脾气、恼火万分。为此，她和海明威谈了好多次，忠告、诱导、斥责都没有用。

海明威的父亲虽然坚决反对他参战，但是对他在上大学前先工作一年的事情倒是非常支持的。

海明威是海明威家族头一个不想上大学深造的孩子。他毕业之后有三种选择，要么上大学，要么参军，要么工作。父母坚持让他上大学，但他却选择了后者。

这件事情成了海明威和母亲之间的主要矛盾之一。后来他从欧洲凯旋，母亲旧话重提，又让他上大学。当海明威再次违抗母命后，矛盾进一步激化，以致海明威被赶出家门。

即使海明威功成名就后，家里仍认为他是海明威家族的耻辱，理由之一就是他是海明威家族中唯一没有上过大学的人。

由此可见，海明威没上大学的原因不是外因，而在于他本身，在他本身叛逆的性格。橡树园的清规戒律已经整整束缚了他18年，他已经受够了，哪怕不能参军，他也坚决要同现在的生活方式告别。

海明威有自己的思想，他不想事事都遵从于父母的安排，也不想走父辈的老路，他要用自己的双手闯出自己的一片天地。

叛逆的海明威，叛逆的性格，成就了日后极富传奇色彩的一代文学大师。也许，这一切的起源，都来自于海明威人生的第一份工作吧！

明星报的见习记者

海明威坚决继续不上大学,也坚决继续不留在家中。他要出去,他要结束现在这种生活,他渴望一种全新的生活。

终归还是父亲知道儿子的心意,看说不动海明威,他就通过自己的弟弟,帮儿子谋得了一个见习记者的工作。

埃德的弟弟泰勒·海明威是一个靠经营木材发迹的商人,在堪萨斯城定居。他是《堪萨斯城明星报》的社论首席撰稿人亨利·哈斯克尔的挚友。亨利帮海明威找到一个见习记者的职位,同时兼做杂役——"高中刚毕业的小伙计"。

海明威对这份工作很满意,因为对他这样的身材魁梧、富有理想和壮志凌云的青年人来说,新闻工作和战争一样,都富有伟大的力量和刺激性。

而且,海明威之前在校园中就担任校刊编辑,具有一定的工作经验,他相信自己能够胜任这份差事。他有热情,有干劲,因此他迫不及待地辞别父母前往堪萨斯城。

当时的堪萨斯城是堕落和罪恶的城市,在这个所谓"浑浑噩噩"的时代,这儿的妓院比檀香山还要多。

城里犯罪行为随处皆是，腐化堕落的现象处处可见，还有那些即将出国光荣参战的新兵在这里最后一次寻欢作乐，闹得乌烟瘴气。城市中贩毒、卖淫、凶杀等罪恶现象，给海明威这位初出茅庐的青年记者上了社会学第一课。

海明威应该庆幸，这次的工作让他遇上了社会中第一个真正教导他写作的导师。因为该报社的主编皮特·威灵顿是一个很厉害的老头子，也是海明威一生中遇到的最出色的高手之一。

要知道对于海明威这样心高气傲的年轻人来说，能够称得上高手而且让他心悦诚服的人，可不多。

海明威来到报社的第一天，就被这个厉害的老头子逼着做苦力。在日后，他在寻求刺激工作的同时，也不得不被逼着接受一种全新的报社纪律约束。

报社的主编皮特·威灵顿一见到海明威这个充满活力的小伙子就喜欢上他了，可是老头子的感情从不外露。

这个爱吸雪茄烟的、只用两个手指打字的、性情执拗的老头子非常厉害，他不但自己有一手，而且对他手下的人要求很严。

"你就是欧内斯特·海明威？"

"是的，先生。"

"干记者很苦，你知道吗？"

"知道。可是我不怕。"

"既然如此，你就试一段吧。不过我可有言在先，在我们这儿干，就得遵守我们的规定。全在这上面了，你好好看看吧！"

海明威接过一份小册子式的东西，翻看起来。这是一份报社独家的一套程式。这套程式经过试验，证明完全正确，神圣不可侵犯。它总共包括110条不得违反的规定：要用短句。要有明快的风格。要切实可靠。要用动作词汇写。删去不必要的形容词。删去尚有怀疑的段落。删减一些不必要的句子。能用一个字表达的决不用两个字。不许写"黑色的乌鸦",不许写"大的悲剧"……乌鸦都是黑的,悲剧都是大的,事故都是重大的……

"他们逼我们苦干",海明威说,"特别是星期六晚上。不过我也喜欢苦干,而且喜爱所有的特殊工作和额外工作。"

"《明星报》的写稿规定像战争法规那样念给我们听。不许我们使用过时的俚语,用俚语必须是新的,崭新的,令人耳目一新的。"

尽管如此,海明威还是很喜欢这个工作,他一头扎进了工作之中,用自己最大的热情专心致志地把工作做好。

海明威自愿乘救护车和救火车前往凶杀案的现场实地观察。法院开庭审判时他坐在前排,然后根据他的所见所闻,如实地报道城市的丑闻。

海明威是否报道过游园会之类的活动,当时没有记载。不过凡是与行动、暴力和灾祸有关的事情,海明威总是先到现场观察,然后才坐在打字机前写稿。

如同报社要求的文风明快有力、句短段小,强调新闻的新意、时效、准确和凝练一样,海明威的生活也充满了快节奏。

海明威早晨7时起床,8时赶到办公室,在市内到处采访,一直奔波到13时才会花20分钟吃一顿快速午餐,再一直工作到18时,等他回家时已是筋疲力尽。

在报社的同事们眼中,海明威无疑是一个正义感极强的人。他心地善良,乐于助人,只要是牵涉到这类型的事情,海明威总是会在第一时间出现在现场。

有一次,海明威在火车站发现一个奄奄一息的天花患者。周围的人害怕传染,躲得远远的,没有人肯伸出救援之手。海明威毅然背起他,走出火车站,雇了一辆出租车把患者送到医院。

该报主编回忆起海明威这个18岁的见习记者时说："他喜欢行动。派他到中心医院采访时，他有一个惹人生气的习惯，那就是一见有救护车要开出，他就要坐上，去看某种令人痛苦的创伤。事先也不通知报社新闻编辑部，擅离职守，他总是要亲临现场。我认为，这个特点在他后来的作品中一直是很明显的。"

小说家兼编辑约翰·塞尔比补充说："海明威总是钻到市立医院的住院登记处或者爬上救护车的后部。"

同时期和海明威同事的一位记者说："海明威常常奔到现已迁到第十五大街和沃尔纳特街的第四派出所，同鲍斯威尔警长和其他一些人一起坐在警备车上出去。鲍斯威尔是个颇有名气的人物，很能造成一些使海明威觉得趣味无穷的令人激动的场面，这当然是报社新闻编辑室万万做不到的。"

确实如此，海明威经常光顾的有一个就是警察局。他和鲍斯威尔警长搞得很熟，甚至还配有正规的警用星号。

海明威热情积极地投身新闻工作，到处打听内幕新闻。他在青年时期以及成年后都富于幻想，喜欢冒险。

有一次，他刚巧遇上一场大火，当时，连消防队员们都很谨慎小心，他却钻入警戒线内，以便深入观察火情的发展。虽然他没有受伤，但是他的衣服被烧穿了许多洞。

海明威尽量遵循报社的规定去做。但是，删去不必要的形容词并不等于不能用形容词。他自认为必要的形容词还是得用上，否则那文章不就太干巴了吗？而且报道完事件，写点评论也是很自然的事。

可是威灵顿这老头儿又找上他了。老头儿把他叫进办公室，关上门狠狠地训了他一顿，说："这是新闻报道，不是花边文章。写行动，用动词写，不要用形容词。诸如'宏伟的'、'灿烂辉煌的'、

'五彩缤纷的'、'美丽的'等形容词，统统给我去掉。文绉绉的形容词在新闻报道中没有地位。要写事实，不要评论。何苦要把读者弄得气急败坏？"

海明威后来说："这些就是我在写作方面所学到的最好的准则。我从来没有忘记过这些东西。一个有才能的人在真正感受和如实描写他要表达的一件事情时，只要遵守这些准则便万无一失。"

诚然，正是威灵顿这种严格的要求，为海明威最终锻炼出自己独特的文体开创了一个良好的开端。

值得令人注意的是，在报社工作的这段期间，海明威写了13篇未署名的文章。这些文章预示了他在后来写小说时对拳击、犯罪、暴力、英雄行为以及自杀和死亡等问题的关注和兴趣。

终于上战场了

1918年，这是世界历史上一个关键性的年份。这一年，第一次世界大战缓缓地落下了帷幕。这一年，年轻的海明威经过自己的艰苦争取，终于第一次踏上了他向往已久的战场。

海明威在《堪萨斯明星报》干得挺不错的。在那里，他得到了最初的文字锤炼。但是，年轻人的心总没有满足的时候，他不满足于仅仅只是做一个见习记者，他仍然渴望着有一天能上战场，去那个炮火连天的前线。

海明威一次又一次地报名去参加各种兵役，但是全都遭到了拒绝。为了让自己显得更加成熟些，他特地留起了小胡子。

一次又一次报名，一次又一次被拒绝，海明威焦急不安地等待机会。这一等就是7个月，他被上战场的冲动整整折磨了7个月。

终于，机会来了，他终于有机会上战场了。设法让海明威去参加战争的，则是特德·布伦贝克。

那天，海明威到报社去交稿，发现那里坐着一个身穿阿尔卑斯山轻骑兵军服的年轻人。他心里一动。这套军服就是最好的标志，也是许多年轻人梦寐以求的东西。这人必定刚从欧洲回来。

海明威暗地一打听，果不其然！从此，他多了个心眼，主动去接近这个新来的记者。两人年龄相仿，性格相投，很快就成了好朋友。

和海明威一样，布伦贝克也有一只眼睛受过伤。海明威对此特别关心。

"你那眼睛是怎么受伤的？"

"这眼睛吗？嗨！被高尔夫球打的。"

"啊！不是在战场上伤的？"海明威眼睛一亮，"也就是说，一只眼睛有毛病并不影响他去欧洲参战喽？"

"可不是？！我不就当了驻法美军野战勤务部的救护车司机。一只眼睛坏了碍不了什么事，我还有另一只眼嘛！"

渐渐地，海明威知道了布伦贝克出身于堪萨斯一个很有名望的家族，知道了他本是康奈尔大学的学生，由于眼睛被打坏了才离开了学校。但是眼睛伤残并没有影响他上战场。当个救护车司机也是挺不错的。

海明威讲到了他的一次次报名、一次次受挫，讲到了他是如何不死心。他多羡慕这个穿着阿尔卑斯山轻骑兵服装的朋友！

"但是你怎么又回来了呢？"

"还不是因为我那眼光短浅的母亲。她生怕我被打死在欧洲，整天在家里哭哭啼啼。最后竟叫我父亲拍假电报，说是母亲去世，要我回来奔丧。这不就把我骗回来了。"

"那你还想去吗？"

"怎么不想？我打算过几天就去募兵局看看。"

"那好呀！别忘了把我也叫上。"

海明威和布伦贝克一见如故，结成好友。海明威结束白天的工作后，经常邀请布伦贝克到他房间里来，两人一边朗诵布朗宁的诗，一边喝意大利红酒，共度一晚时光。

1918年5月12日，布伦贝克和海明威领到红十字会发给他们的军装，上面还带有名誉尉官的符号。

一周以后，他们的部队在纽约的第五大街举行了隆重的阅兵式，从82号街口一直到贝特丽公园。检阅台上彩旗飘扬，威尔逊总统和夫人对这些出国作战的男儿频频点头致意，表示送别。

"我简直激动得发狂。"海明威说。

美国第一次派遣青年到国外参加这样大规模的战斗。海明威深为这宏大场面所感动。

海明威18岁，是这个红十字会救护队里年纪最小的一个。这些救护车司机都是受过良好教育的，用《哈泼斯》月刊的说法，都是"美国生活中的精华"。

在纽约度过的最后一夜是海明威一生中最疯狂、最欢乐、最喧闹的一夜。他和布伦贝克通宵未睡。

两个人从酒吧间到夜总会，从小酒店到咖啡馆，从哈莱姆区到贝特丽公园，从包威里街到中央公园。

他们要喝个痛快，乐个痛快，仿佛在这一夜间要把天底下的乐事享受个够。待到天明他们赶到码头报到时，两个人都眼睛红肿，胡子拉碴，衣冠不整，步履蹒跚。

也许高兴得过了头，出发前夕，海明威给父母和许多朋友去信，宣布与著名的电影明星梅·马什订婚。梅·马什就是海明威小时候他祖父常带他去看，声称看过30次的电影《一个国家的诞生》中的女主角。

这封信在橡树园一石惊起千层浪，他的双亲震惊之后又伤心不已。他们根本没想到儿子在婚姻上竟采取了个人独立行动，而且感情冲动到想和电影界的妖女结婚。

同时也对儿子去城里工作后与他们之间产生隔阂感到伤心。格雷丝十分担心儿子的鲁莽行动会毁坏他一生的幸福,她曾经为儿子和未来的儿媳设计的一个美满小家庭也将随之幻灭。

她给海明威写信说:

> 看来,我作为一个母亲是不合格的,因为儿子根本不信任我。我一直在问你交了什么女朋友,你从不告诉我,现在却一下子宣布订婚。
>
> 你将来回家来也许会受伤或致残,这个女人仍会爱你吗?结婚应该是两个相爱的灵魂有过一段坚贞的友谊交往后的事,结婚仪式之前也总得先筑一个安乐窝。

海明威也感到后果的严重,赶忙往家打电话解释说,他这次订婚仅仅是一时的幻觉而已。对此,父亲埃德虽然恼怒万分,却也总算松了一口气。他给儿子的信中说:

> 你半小时前来电话解释这只是开了一场玩笑,我听到后,得到了安慰。你这个小小"玩笑",却使你母亲和我连续5夜失眠。我希望你赶快给你亲爱的母亲写信,安慰她这颗破碎的心。

1918年5月23日,"芝加哥号"起航了。这是一艘与海明威的家乡一样名字的船艇。海明威终于彻底摆脱了家庭的羁绊,他为这次伟大的远征兴奋不已。

不知道海明威心中真正庆幸的是能够摆脱家庭的羁绊还是能够前往梦想已久的战场,或是两者都有。

这次航行十分顺利,既未遭遇敌国的舰队炮轰,也未受到敌国潜艇的截击。大家都为此暗暗庆幸。可是海明威却觉得受了骗，因为一路上没有发生惊心动魄的事情，不够刺激。

不过一路上他打扑克、掷骰子，到高级船员酒吧间买啤酒给大家喝，很快交上了许多朋友，倒也不感到寂寞。

海明威的心开始激情澎湃，看着越来越近的欧洲大陆，他仿佛已经听到了轰隆的炮火声。这个热血的年轻人，已经做好了全部的准备，去接受战火的洗礼。

血与火的洗礼

1918年5月,第一次世界大战欧洲战场进入了最激烈的阶段。当时的巴黎正在遭受德国远程巨炮的轰击,到处是炮弹的呼啸、炸坍的残垣断壁、血肉模糊的尸体、惊恐的妇孺。

德国发起了一次企图突破防线的大攻势。铺天盖地的炮弹把房屋炸得东倒西塌,满城都是弥漫的硝烟、横飞的乱石,人们不得不躲进空气恶浊的防弹洞。

而海明威对遇上这场炮击却兴奋异常。他用重金雇了一辆出租车,载着他和布伦贝克开到遭炮火袭击的地方,打算用电话立即向《堪萨斯明星报》发出这一现场新闻报道。

于是,这两人坐在汽车里到处追赶着炮弹的爆炸。炮弹飞驰的响声就像是击落在他们的车上。一阵阵炮弹从他们头顶上呼啸而过,然后是剧烈的爆炸声,之后是火光冲天,最后是一片惨叫。弹片击中了马德林教堂的正面,一块一尺见方的石头顿时被掀了下来。

真够惊心动魄的!

但是,这里还不是战场,战场离他们还很远。海明威巴不得早点到前线去,早点去接受那血与火的洗礼。

海明威泄气了，这与他想象中的战场相差太远。他这样说："这简直叫人等得不耐烦，我真希望他们赶快把我们送到前线去。"

在巴黎逗留两天后，海明威他们乘坐火车往意大利驶去。越往南，战争的气息越浓，危险越大。

6月初，海明威他们来到了米兰。到达的当天，当地一座军火工厂发生爆炸。

红十字会救护车队立刻赶到现场，一些司机被派到那些尚未爆炸的军火库周围巡逻，一些人被派去扑灭蔓延的火势。

海明威还像在堪萨斯城医院工作时一样，从工厂周围的铁丝网篱笆上取下血肉模糊的尸体和断肢残腿。

海明威从米兰给惦念他的父母寄去了一张明信片，上面只有4个字："十分愉快。"

他还给他的主编兼老师威灵顿寄了一张，这一张倒是挺详细："到这里的第一天就经受了战火的洗礼。一个兵工厂爆炸了。我们的任务是抬伤员，像在堪萨斯中心医院一样。"

紧接着又给他寄去一张："好家伙！我身临其境了！"

海明威、布伦贝克和另外22名司机被分到米兰以东100多英里外的斯基奥。

他们正要出发开赴前线，奥地利军队向那里发起了进攻，巨炮射击过来的炮弹流星般直往下落。海明威他们一下火车便趁着发炮间歇往车站里跑。

爆炸发生两天后，海明威他们到了救护站。救护站门口挂着一块滑稽的木牌，上写"斯基奥乡村俱乐部"。

海明威开笨重的汽车，给军营报纸写了一篇幽默小品，除此之外就是游泳、打牌和闲逛。

这样过了一星期，海明威大发脾气："我闲得受不了啦，无事可干,尽看风景。可叫我讨厌透了,我要离开救护队,找到打仗的地方。人家在那里打球,我却必须在这等候入场。"

有志者,事竟成。尽管海明威还是一名非战斗人员,但是他还是很快给自己找到了一份工作,给战士们送香烟、巧克力和口香糖。

海明威常常静坐在一个地下掩蔽部前面的战壕内。战壕距皮亚韦河30英里,距奥地利守卫线60多英里,他每天的工作就是穿越这30英里的战线给战士们送安慰。

在海明威写战争写得最好的3篇小说之一《你绝不是这样》中,主人公尼克·亚当斯在美国部队参加意大利战争以前先期到达意大利,他对自己只是扮演一个宣传、吹牛皮的角色感到啼笑皆非。书中这样写道:

> 别人想象我应该是口袋里装满香烟、明信片等这类东西,我还应该带来一背包的巧克力糖。我来到战士们中,应该是拍拍他们的背,说些温存慰藉的话,然后分发这些东西给他们。

海明威在这场战争中所做的工作虽然有意义,却是微不足道的,但他在异国战友中却享有战友情谊,大家都亲切地叫他美国小伙子。

海明威同意大利官兵很快交上了朋友。大家一见他来都会热情地叫他:"你好,美国小伙子!"

"嗨,兄弟!今天又送啥好吃的来了?"

炮弹在地堡上空呼啸;伤员在战壕底部的沙袋上呻吟;爆炸的迫击炮弹划破漆黑的夜空。海明威真正置身于战争的氛围里。

既然是战场,那么肯定就会有死亡,海明威从踏上战场的那一天开始就已经有这种思想觉悟,但是他没有想到的是,这一天会来得这么早。

1918年7月8日，海明威中尉的名字出现在驻意美军救护车司机重伤员的名单上。在他19岁生日前的两星期，也就是他深入前沿战壕一星期之后，海明威在救护意大利受伤士兵的过程中被奥地利军队的炮火击中，身负重伤。

那日午夜，海明威在战壕中分发巧克力糖时，抓起一个意大利士兵的步枪，向敌人前沿阵地射击。

海明威的枪声招致了敌人的反击，机关枪吐着火舌咆哮起来。那个地方光秃秃的，毫无遮拦，尽是稀泥。

海明威看见那个受伤的意大利人危在旦夕，便纵身冲上前去，想把他拖进战壕。这时忽然"轰隆"一声巨响，密如暴雨的弹片四射开来。

蹲伏在海明威和爆炸地点之间的一个意大利士兵牺牲了，稍远的一个被炸掉了双腿，还有一个被削去了整个面孔。

海明威甩了甩头，从震荡中清醒过来，继续艰难地向夜幕里爬去。

夜色漆黑。但是敌军仍然发现了这个爬动的黑影，一阵机枪扫射过来。黑影往旁边猛一滚，又继续匍匐前进，时而还纵身一跳，避开阵亡者的尸体。他一直在仔细寻找那个受伤的意大利人。

海明威听到那个意大利士兵痛楚的呻吟声，红十字会会员的责任感促使他向伤员爬去。海明威艰难地爬到伤员身边，伤员已不省人事，但还活着，海明威抱起他往背上一背，返身往地下掩蔽部撤退。突然，天崩地裂一声巨响，空中顿成一片火海。倘若世上真有妖魔鬼怪的话，那么所有的妖魔鬼怪齐声怪叫也没有这一声爆炸吓人。

又是一阵炮击。巨大的炮弹在爆炸，细碎而致命的弹片密如骤雨。射来的炮弹大都打在意军右侧10米开外的地方，但那四处迸射的弹片却像尖钉一样把人钉在地上动弹不得。

刹那间，海明威觉得，这下完了。单是震荡就已经使他几乎丧生。

关于这一时刻，海明威后来回忆道："我那时已经死了。我觉得我的灵魂或者别的什么正在从我的躯体里往外逸出，就像你捏着一角把一块绸手帕拉出口袋一样。灵魂飘荡了一圈又回来了，我才活过来。"

海明威清醒过来的时候，两条腿没有一点儿劲，软得像面条一样。身上有点痛，但主要是麻木，使他恼怒可又唤起信心。他有时踉跄，有时匍匐，有时则又连走带爬，挣扎着要把肩上的伤员背回战壕。

夜色漆黑，海明威背着伤员踉跄地走着，两条腿由麻木变成剧痛，背上的伤员悲惨地呻吟，使他更举步维艰。他在泥泞中一步一步地往前移，平日几步就可穿越的路，如今竟漫长无边。

海明威背着的那个意大利狙击手尖叫一声软瘫在他的肩上。这一声响亮的尖叫惊动了奥军。几道直射的光束在搜寻那个背人的人、那个浑身泥浆的黑暗的人影。探照灯光集中在意军阵地上。

海明威继续奋力爬行。他的肌肉开始痉挛了，一阵阵疼痛袭来。他的呼吸也开始困难了，每爬一步他都要大口大口地喘气。他头脑里只有一个想法：爬回营地，爬回营地，到达那里，那就是目标。一直到营地他才能停下来。

距离在一点儿一点儿地缩短。他终于快要到目的地了。探照灯又一次照亮了战场，刹那间敌人停止了射击。

后来，一个奥地利军官回忆说，他们看见一个人背着一个伤员朝红十字会营帐爬去。那个人爬得很慢，看起来他也受了很重的伤，但是他还是很努力地向前爬着。敌人都非常敬佩这种勇气，他们不忍心打出那决定性的最后一枪。

这正是海明威所需要的一瞬间。敌人的同情让他有幸得以逃脱敌人的围剿。他凭借着自己的顽强的精神感动了敌人。当他到这树林和小山的后面，有了掩护。这个受尽了磨难的巨人现在都给遮没了。

又一次开起火来。奥军的机关枪一个劲儿向黑暗中扫射。这次攻击打响 30 分钟后，海明威到达了目的地。他终于到达了目的地。

意大利的士兵搀他进入战壕，又小心翼翼地从他的肩上抬下了那个动弹不了的伤员，但是伤员已经停止了呼吸。

海明威感到浑身上下千百处疼痛。新发现的疼痛，他刚才没有感觉到的疼痛。震荡和激奋状态所导致的麻醉这时在消失。

后来海明威给母亲的信里说："我的两只脚感到好像穿上了灌满热水的长筒雨靴，一个膝盖活动时的感觉也很奇怪。中了机枪子弹时感到像是一个冰冻的雪球猛击在腿上。"

海明威一头倒在了地上，人事不省。等他再次醒来的时候，已经在两英里外的野战医院里面了。

身中二百三十七块弹片

　　海明威是一个能够创造奇迹的人，他的一生都充满了传奇色彩，而这一次的意外负伤也是他传奇故事中的一个。

　　海明威将那名伤兵送回营地的时候，已经人事不省，人们用担架把他抬到两英里以外的野战医院里，军医们对他进行了一番急救。

　　看到满身都是枪眼的海明威，军医们当即直摇脑袋。海明威能够活下来的希望微乎其微，就是活过来，也必定是个废人。

　　海明威经历了一番生与死的考验。军医们在简单的设备下对海明威进行了第一次手术，从他的身体中取出了28块弹片，然后又把他转到米兰的美国红十字会医院继续治疗。

　　医生们为海明威做了比较全面的处理，注射了几针吗啡和抗破伤风剂。使意大利医生惊奇的是，海明威的伤都位于臀部以下，穿孔达200处以上，有10处是重伤。这一次，医生给他取出26块弹片。

　　之后，医院又对海明威进行了第二次，第三次，第四次……前前后后一共动了13次手术，先后取出227块弹片。另外还有十来片实在没有办法，只好任其留在体内，一直到死。

医生们首先庆幸的是，他总算活过来了。他的身体像个筛子，布满了枪眼，能够活过来，这简直是奇迹。

许多医生都认为，他不能再走路了。有几位主张锯掉他的右腿。海明威气得咬牙切齿，坚决反对。

"不！我宁愿死也不锯腿！死我不在乎，但我不能一辈子拄着拐杖走路！"

为了保住右腿，海明威用铅笔刀剔腿上的小弹片，甚至出院后还干这样的蠢事。让医生们感到吃惊的是，这个一直在死亡线上挣扎的小伙子居然像艾森豪威尔将军那样在极短的时间内恢复了健康，并且在不久之后就扔掉拐杖用两腿走路，尽管一跛一跛地摇晃不定。所不同的是被打碎的膝盖骨换成了白金做的。

海明威能够在这么短的时间内恢复健康，这都要感谢一个美丽的姑娘阿格尼丝。

那时阿格尼丝26岁，比海明威大7岁。她颀长秀丽，栗发蓝眼，风姿绰约。她比海明威早一星期来到这所新开办的医院，海明威是在意大利受伤的第一个美国人，也是这所医院第一批病人之一。

阿格尼丝既迷人，又富有同情心。她动作敏捷，颇具幽默感，到处洋溢着她的活力、热情。

阿格尼丝听说了海明威这个巨人般的英雄，她看见了他浑身大大小小的伤口，她听到了医生们的议论。阿格尼丝不相信他会死，她不要他死。这样的英雄不会也不该过早死去。她一有空就来到他的病床前，为他祈祷，为他擦洗，换去肮脏的绷带。

在大多数情况下，海明威都神志不清，记忆混乱，但是他感觉到了一种新的美，感觉到他的四肢生机盎然。

他伸出一只手，把阿格尼丝的手指放到嘴边，突然眼前一黑，昏迷过去。生命与死亡继续作战，最后，生命终于胜利了。

海明威亲昵地叫她"阿格",她是对他的伤痛最有效的一剂药。

在阿格尼丝的精心照料下,海明威日渐康复。他从床上转移到轮椅上,然后用双拐,最后只拄手杖了。

阿格尼丝是一个美丽、乐观的美国女人,而海明威在那时则是她看到的最英俊、坚强、魁梧的男人之一。所以他们相爱了,爱得很深。

海明威和阿格尼丝一起参观了大教堂、拉斯卡拉歌剧院和科瓦咖啡厅等处,漫游了加莱里阿,一同乘坐敞篷车去看赛马。

他们的感情日深。

海明威原打算在意大利旅居一年,但是后来他放弃了这种打算。在回国之前,他和阿格尼丝约好,只待他身体康复就结婚,婚后随他定居美国。可惜天不从人愿,海明威离开之后不久,阿格尼丝就移情别恋,爱上了一个意大利上尉。

这次的情变给海明威刺激很大,他完全没有想到自己的求婚竟然会遭到拒绝,更没有想到阿格尼丝会移情别恋。感情上的痛苦甚至超过了他负伤时肉体上所受的痛苦,这种痛彻心扉的打击让海明威深受其害。

当然,从另外一个角度来看,海明威遭遇的负伤和情变对他而言并非都是坏事。就像每一部偶像剧的男主角一样,在被女友打击之后必定会有一番痛定思痛的经历,他们必定都会奋发图强取得成功。海明威也不例外。可以这样说,由于阿格尼丝的拒婚,促使他努力奋斗,终成为一代文学巨匠。

与阿格尼丝的感情纠葛也为海明威创作《永别了,武器》提供了灵感。在这部世界名著中,阿格尼丝是女主人公凯瑟琳·巴克利的原型。不过小说中所描写的并不与实际生活一样,柔顺的凯瑟琳成为男主人公的情人,而且受到惩罚,难产而死。在小说中,海明威报复了情变的前女友，这让他更喜欢上了这种没有暴力的发泄。这样的发泄可以让他失恋的痛苦稍微缓解一些。

海明威还在康复期间，意大利政府就向他颁发了战功十字勋章和勇敢勋章，这是意大利表彰作战英勇的最高奖赏。

康复了的海明威已经符合退伍的条件，他满可以回国了。但他偏不回去，他还要找仗打。

海明威瘸着腿参加了意大利的一个步兵部队，随之重新投入战斗。这次，他不只是分送巧克力和口香糖了，他成了一名真正的战士。他在田野里打仗，在阿尔卑斯山打仗，在意大利北部的森林里打仗。

"当步兵有个好处，"海明威在《过河入林》中写道："那就是你永远不会有什么梦想，只会从坏处着想。"

许多年后，海明威已观察过多次别的战争，他总结出参战者的想法："当你作为小兵参加战争时，总会抱有不会牺牲的伟大幻想。别人阵亡了，你没有。后来，当你第一次受重伤时，你就丢掉了这种幻想，你知道这也会发生在你的身上。"

胜利凯旋的英雄

　　1919年1月4日，欧洲战场已经结束了，海明威这个参战的士兵也完成了自己的任务，光荣地作为一名退役士兵返回了祖国。

　　携带着停战之后意大利政府授予他的一枚十字军功章、银质奖章和勇敢奖章，海明威从意大利的热那亚乘船归国。

　　海明威一生经历颇富传奇色彩，从中学时代直至戏剧性的去世，他始终是人们关注的焦点。

　　海明威是第一个在意大利负伤的美国人，也是第一个回国的。他如此勇敢，身上还残留着许多碎弹片。他仪表堂堂，善于辞令，又享有爱国盛名。他经受如此重伤，却能神奇地迅速康复。

　　在美国人心目中，海明威确实是一个理想的英雄。所以海明威在纽约港走下船时虽然疲惫无力，但情绪一直很激奋。

　　像其他军人一样，海明威也留了一簇法国式小胡子，这同他那英俊而棱角分明的脸庞不太相称。

　　功成名就，现在的海明威愿意承认，当时为了参加红十字救护队，他谎报了年龄。

　　海明威在战场上表现得的确不错。那就是勇敢吗？他不承认，他说那只是一种冲动。

在战争中发够了横财的垄断资产阶级大吹大擂掀起了一股欢迎"英雄凯旋"的热潮。

纽约的中心区曼哈顿一向是热爱英雄的,它喜爱游行队伍、军乐队、行军、五彩纸屑和拉拉队。纽约人热爱凯旋的军人,盛赞这位做过记者和报人的年轻的海明威。

对于海明威,著名的《纽约太阳报》专门刊登了长篇文章报道他的英雄业绩,夸他身上的伤疤比其他任何一个穿军装或不穿军装的人都要多,夸他根本不怕中欧洲列强的炮弹。

热情的纽约人用上了世界上最美丽最动听的语言来盛赞这位做过见习记者和救护车司机的英雄。可是海明威这时候最需要的是一份工作。

作为第二次世界大战中永垂不朽的英雄厄恩尼·派尔的先驱,海明威宣称:"只要纽约任何一家报馆需要一个不怕干活和不怕受伤的人,我就合格。"

可是,纽约没有接纳他。3枚军功章虽然光辉耀眼,却无法为他找到工作。他只好回到橡树园。

海明威最不喜欢的就是又要回家这件事,因为橡树园那个地方尽是一些讲礼貌重规矩的人,还有他们那些文质彬彬和颇有修养的空谈。

海明威势必要去看望一些和他年龄相仿的清清白白、只会傻笑的姑娘,势必会应邀参加乡村俱乐部的舞会,让他听他母亲那伙朋友中间高雅的女士们的奉承。他一想到这些就不寒而栗。

战壕里的气味、士兵们的粗俗言谈、巴黎的公开卖淫,同这里形成生动的对比。橡树园似乎是一个死气沉沉和枯燥乏味的地方,表面上娇嫩欲滴,实际上十分无聊。

然而，家乡橡树园中让他忍受不了的，还有自己的母亲。

"现在我的母亲是不会理解我的，比从前更不能理解我。她一定又要我去当医生、律师或者别的什么的。她一直认为作家的生涯没有致富的希望。到时候她免不了又要争辩、哭啼和斗争，但是我一定要过我自己的生活。每一个人都必须过自己的生活。"

他实在不想回到这个死气沉沉、枯燥乏味、无聊透顶的地方，可他又非回去不可。

到芝加哥火车站来接海明威的是父亲埃德和姐姐玛塞琳。

橡树园的父老乡亲早已望眼欲穿，整个小镇到处彩旗招展，大道的路口都用鲜花和树枝扎起了凯旋门，这象征着英雄成功归来的大门让大家都很兴奋。大街上拉起了醒目的欢迎英雄归来的横幅，到处是一片节日的气氛。

他们早早就为英雄的到来忙得不亦乐乎。

海明威在欢迎会上穿一身蓝军装，走路昂首挺胸，显得特别高大。换上假膝盖骨的那只跛腿在手里那根文明棍的支撑下显得别有风度。

海明威因负伤获得一笔保险金，他可以安闲地待在家里，一年不需工作。刚回来时他情绪高昂，仍为往日纷飞的战火和友情激动。

2月19日，在芝加哥的一些意大利社团成员，为了表达他们对海明威的感激之情，在海明威家里为他组织了一次聚会。

在会上，海明威用意大利语作了演讲，大家举杯相赞。埃德勉为其难地参加了这次欢庆活动，他为儿子的功绩自豪，因为儿子确实是好样的。但是，他同时也在为儿子在家里酗酒感到恼火。

3月24日，母校邀请海明威去为母校的学生们讲话。这是推辞不得的，他去了。

海明威身穿制服，带着一支缴获的奥地利手枪和一副防毒面具，还有一条满是弹痕和血污的裤子。

"同学们,你们好!"仅仅这一句话就引来雷鸣般的掌声。这掌声使他更加振奋,他义无反顾地说了下去:"两年前,我和你们一样,是这个学校的一员。可是战争改变了我。"

说着,他挥动那条血裤,大谈战争的恐怖,讲述了他作战的英勇,如何从真空地带抢救出那名意大利伤员,如何同意军步兵并肩作战,如何获得了那3枚军功章。

当然,他没忘了提及身上200多个大大小小的伤疤,没忘了告诉大家,那条裤子就是被敌人的弹片炸碎的。

话里有渲染,也有夸张,但主要是事实。讲话被一阵阵热烈的掌声打断。

最后他说:"这是我第一次讲话。我希望,这也是我的最后一次。"

话音刚落,台下掌声如雷。

但是,海明威自己明白,他没有说出战争本身的那种凄惨、可怕、痛苦和无益。他以某种厌恶的心理把那条裤子献给了母校作为一件展览品。

天知道,那是用他的鲜血染红的裤子,是件珍品!

一段痛苦的岁月

岁月匆匆,时间无情。昨日的英雄在今天就已经成了过时的人物,被人抛之脑后。

当战火的硝烟散去,这些凯旋回来的军人们不久就发现,当他们脱下军装,把勋章交给母亲或情人后,他们也就被遗忘了。他们不得不重操旧业,他们依然是为衣食奔波的凡人,没有政府颁发的职称证书,也没有退伍军人的住房凭证,更没有退役年金和津贴。

参战以前国家宣传的拯救世界和平,现在看来成了一句空话。他们只是凡人,虽然经过新闻媒体的一番炒作,让他们光荣了一阵,让他们的虚荣心得到了小小的满足。但是当灯光远去,光环不再,他们依旧跌落凡间,为了生活而劳碌奔波。而且,更加让他们压抑的事情是,他们之中的某些战友还在战场上负了伤,成了残疾。这些,让他们回归城市后,寻找工作变得更加困难。

这些军人中有大量的学生,这些学生想要补上在前线给耽误的课程,但是令他们寒心的是,所有的大学皆不给予任何形式的经济补助。

海明威也一样,既没有学校发放的贷款,也没有学校的救助金,除了因为负伤而获得一笔保险金，他一点积蓄都没有剩下。而且，更加让海明威羞于启齿和一直设法回避的是，他成为残疾以及如何成为残疾这一个不公的事实。

海明威负伤的时候是一个非战斗人员，战前的工作又在给士兵们分发巧克力糖，就此而言，这次负伤充其量不过是一次事故。

为了弥补自己从战争中不光彩地撤下来的一面，战后，海明威编造了一些谎言，吹嘘他在战场上作出的贡献。在一篇美国新闻采访中，海明威声称他留在前线一直到停战，并且同敌军展开了殊死的搏斗，战伤就是在那个时候留下来的。

在一份美国军团的登记表上，海明威又故意把自己的身份由荣誉少尉填成意大利第五十四兵团的中尉，但是这种说法有时候又被改成在一个意大利志愿敢死队中服务。

或许是因为这个本身就是一种夸张、舞弊的行为，所以海明威对此十分敏感。在他战后的谈话、演说、信件以及战争故事中，海明威反复提及这些，最后也就成为大家接受的事实。

本来海明威在战争中的表现是英勇的，无可挑剔，但他还是不满足，在虚荣心的促使下，他把自己塑造成一个理想化、神化的英雄。本来意大利政府表彰海明威的是他救护意大利士兵的行为，而不是他作战如何英勇，但海明威却把自己的事迹夸张地同冲锋陷阵的敢死队相提并论。

对于身体本身的残疾，海明威十分清楚，但他并不以为然，他觉得自己双手健全，要做什么事情都可以。

有一次，海明威坐车出去游玩，车到站的时候他最后一个下车。这时，他听到火车上的司闸员对司机说："等一下，这里还有一个瘸子，他的东西还没有搬下来。"

这句话犹如利剑，切割着他的心。

海明威回忆道：

我从来没有意识到自己是瘸子，但现在亲耳听别人叫我瘸子，不再是一个正常的健康人。当时，我伤心透了，无论身心还是意识都受到很大的打击。一路心情坏极了，没想到自己竟变得人不像人，鬼不像鬼。

心病似乎比肉体还要痛苦，海明威腿上的伤还未愈合，便又动了一次手术，加上退伍后的失意，海明威感到寂寞、压抑，甚至窒息，似乎虽生犹死。

海明威和母亲的关系越来越糟糕，他的痛苦是双重的。首先是他觉得自己有罪，是个不孝子，他唤不起一般人认为应该有的母子之情。

海明威母子之间没有理由存在隔阂，因为母亲是个做事周到和讨人喜欢的妇女，望子成龙，对他关怀备至。然而海明威知道母亲全然不理解他。他知道她心里痛苦，但伸手同她和解他又办不到。

其次，除自觉有罪之外，他心里完全明白，他不是在沿他母亲为他指明的那条受人尊重的道路努力前进。

他选定的生活道路不符常规，然而是现实的和令人兴奋的。对中产阶级那一套道德和礼仪的约束，他概不买账！

为了不让母亲过于伤心，海明威采用了拐弯抹角的方法。他开始对母亲撒谎，用一些无伤大雅的善意谎言欺骗她，不让她知道他实际上干了什么或正在干什么。

刚退伍回来，母亲问海明威在前线做什么。

"妈妈，你放心吧，我在医院服务，那儿的工作既轻松又没有危险。"

海明威又一次对母亲说了谎，其实他是因为负伤而进了医院，虽然他有相当长的一段时间在医院康复是一个不公的事实。然而，善良的母亲却信以为真，只是母亲怎么都弄不明白，既然儿子是在医院做一份轻松的工作，又怎么会彻夜失眠呢？

战争给了海明威太多的痛苦，除了让他身体残疾，行动不便，更强加给他另外一种心灵的折磨，那就是梦魇。

海明威经常失眠，他害怕黑暗，严重的失眠症令他痛苦不堪。

从前，海明威很喜欢做一些刺激的事情，仿佛在那种生与死的挑战中才能迸发出最强烈的勇气。

但是现在，海明威才真正明白了什么才是真正的惊骇。没有经历过战争的人，永远都不会明白战争所带来的残酷折磨。

爆炸的炮弹迸射出白炽的火星，把他梦中的黑夜照耀得眼花缭乱。炮弹在空中的尖啸和落地时的爆响以及伤员临死前的哀号把他的每个晚上都变成一种苦难。

每到这个时候，海明威只能强迫自己睁开眼睛，守着灯火苦熬到天明。而这一切，母亲却永远都不会知道。

海明威对于"一战"的印象和折磨是如此的深刻，以至于他在1961年去世前不久还曾说过："我现在还记得，我对于第一次世界大战感到十分可怕，吓得我有10年写不出它。战争在你内心造成的创伤，愈合起来是非常缓慢的。"

海明威虽然不到20岁，但离家以后的经历，使他日趋成熟。他再也不想让自命公正的父母以及家乡清教徒的道德规范来约束自己了，但回家后仍得尊重并迁就这些。

回乡最初的快乐兴奋过去后，海明威开始沮丧，心情也越来越坏，对什么都提不起兴趣来，对大学，对女孩子，对工作，对写作，甚至对将来怎么办都兴味索然。

战争曾是他的大学，在那里他学到许多。但战争却没有教会他一项谋生技能，反使他和中学时代的朋友们生疏了，他们都已进了大学。

海明威渴望成为一个作家，但他也知道自己尚不能熟练地运用文字以发挥他的写作才能。

在米兰医院时，他写了几篇小说，均被报纸杂志退稿。回到橡树园后，生活比较安适，却又显得沉闷呆滞。

海明威到酒吧喝了酒，又到狂饮酒会上去痛饮，然后又回到酒吧，周而复始，往返不已。海明威还学会了骂人，而且比芝加哥码头上的搬运工人还会骂。

海明威开始放纵自己，为了消除脑海中的恶魔，他酗酒，他每天都找各种理由和借口离开家，偷偷溜到芝加哥的贫民窟去，到那里的烟雾腾腾外加霉味很重的非法酒店。

海明威喜欢那里的嘈杂、喧闹，爱看那些不顾传统约束的姑娘们的短装衣饰和独步舞。在那里，他亲眼看见过开枪对打，看见过手指戴上铜套进行致命的拳击，也看见过在黑胡同里被机枪打死的人。

然而，在母亲面前，他又是一个彬彬有礼、温文尔雅的人。他每天都大量地编造着各种各样的谎言和借口来欺瞒母亲，而当谎言说出来之后，他又沉默不语了。

海明威最讨厌和母亲在一起用餐。因为这个时候母亲头脑灵活，心情愉快，精神饱满，老爱指点他应该如何如何。

是的，他应该找个工作。

是的，他不应该这样懒散下去。

是的，当作家是危险的职业。

是的，是的，是的。

然而，海明威偏偏无意当医生。他并不尊重受尊重的行业，他要以自己的方式闯出自己的道路，他要写出伟大的美国小说，也许就是一部战争小说。

海明威感到心乱如麻，他被逼得焦虑不安，他要离开，他要离开橡树园。于是，海明威离开了橡树园，他回到了之前他们家在瓦伦湖畔的夏季别墅。

重新振作起来

海明威逃离了差点儿让他窒息的橡树园,来到了密执安州的夏季别墅。整个夏天,他都是在夏季别墅中度过的。

夏季别墅不大,而且还显得有些简陋,是用圆木造的。但是那里环境不错,有树林,可以打猎;有大湖,可以垂钓。

海明威的童年就是在这里度过的,那是他一生中最快乐的日子,那个时候他天天跟随在父亲身边进行打猎。而现在,他已经能自己独立进行狩猎了。

夏季别墅寂静而安定的生活使海明威得到了休息。他疲惫的心灵在这个地方得到了调养。

海明威写了封辞恳意切的信给布伦贝克,邀他来这里与他一道共享这种自我流放的生活。

布伦贝克是个忠厚憨直的朋友,又极富同情心。他在收到海明威的信件之后,就在第一时间收拾行李赶来了。

布伦贝克不但陪海明威打猎、钓鱼,还和他一起忆旧、谈天。他们每日的行程都是即兴的,心血来潮就安排了。

布伦贝克耐心地听海明威倾诉一切,不知不觉地提供了海明威所需的精神治疗。渐渐地，就在他们打猎、垂钓、盘腿坐在篝火边烧烤猎物或鲑鱼的过程中，一个新的海明威脱颖而出。

布伦贝克相信海明威能够靠写作来养活自己，他也相信这一点。

"那你就抽空写点东西吧！我敢肯定，有朝一日，《堪萨斯明星报》会重新聘用你的。"布伦贝克对海明威说。

就在这种寂静安定的自我放逐当中，海明威下了一生从事文学创作的决心。于是，海明威犹豫不决而不无痛苦地写了起来。

他终于振作起来了。

海明威有点踌躇而又不无痛苦地把他在欧洲看到的景象、产生的感情和体会试写了下来。一共写成3个短篇，分别是《在异邦》、《你们决不会这样做》和《现在我已倒下》。

家里人来看他，但是没有过完夏季又走了。海明威却在这里一直住到树叶变黄，住到冬日的飞雪把这一带变成一片银海的时候。

海明威开始经常练习写作。他每天坐下来一遍又一遍地写，写得好的时候就对自己的前途充满信心；写得不好的时候又未免有点发闷气。

后来海明威回忆起这段日子的时候说道："我每天自我训练，坐下来一遍又一遍地写。有时因为写得不够好，我就恨自己不中用。我在密执安州的皮托斯基写了一个秋天和半个冬季，很使人扫兴。我鼓足劲儿写，可就是没有人要。我的收获就是一次又一次的退稿。"

每一封退稿信都气得他脸红脖子粗。辛辛苦苦的劳动成果得不到承认，他怎能不气呢？尽管如此，他并没有认输，并没有气馁，仍锲而不舍地继续编织故事。他就不相信没有被承认的一天。

海明威花了大量的时间去埋头写作，可惜，他写出的却是一本比较粗糙的书《意大利人的大道》。

在这个故事里，主人公是一个意大利拳击手，比赛时用爱尔兰名字。在一次冠军赛时，他弃权去意大利前线参加志愿敢死队，在战斗中获胜，但再也不能回到他所热爱的拳击生涯中去了。

这实际是海明威的自传体小说。除了变相地替换了一个国籍和职业，其他与海明威的生活完全无二。

海明威将这篇稿件分别投给了《星期六晚邮报》和《大众杂志》。不久之后，《星期六晚邮报》就退回了稿件，而《大众杂志》则没有退稿。

"上帝保佑，让主编买下它。现在还没有消息，当然是个好兆头。但是，有时好兆头也许是一个大挫折。"

海明威如是乞求道。他的预言言中了，不久，退稿信又来了。海明威初试锋芒，竟连连碰壁。在一连串的退稿信打击下，他并不泄气。海明威深信自己在做准备工作，一旦时机成熟，就能冲倒一切障碍，压倒全体文坛老将。使他苦闷的是没有工作和一展文才的地方。不久，机会来了。

在他们家别墅附近另外还有一座夏季别墅，那是拉尔夫·康纳布尔家的。

康纳布尔先生是美国伍尔沃斯商号加拿大分号的经理，和海明威的父亲是至交。康纳布尔夫妇有一个儿子，比海明威小一岁，生来腿就有残疾。他们想为儿子找一个家庭教师，住在一起。

康纳布尔很器重海明威，觉得他在体育方面的经验和兴趣能鼓舞振奋儿子颓废的心，海明威也跛足，两人年纪又相仿，儿子必能受这精力充沛的家庭教师的感染而振作。

康纳布尔是看着海明威长大的。那个爱玩枪支的小男孩已经长成为受了伤的退伍军人。这个退伍军人雄心勃勃，想当个作家。

康纳布尔经过了几天的考虑，打定主意要帮他这位朋友的儿子一把。

有一天，海明威在做鱼饵，康纳布尔发话了。他是针对头一天海明威对他讲的那席话发话的。康纳布尔说："海明威，你是一个有主见的孩子，我同意你的想法。你应该离开你的母亲和家庭，出去试试你的才能。谁知道以后的事呢？

"只要你像现在这样兴致勃勃地写下去，也许有一天你真会成为一个好作家。这样吧，你跟我一起去多伦多吧！我在那里有一所大房子，容你这个大个子绝对没有问题。"

"你可以安心地住在我家，致力于你的文学工作，别人不会打搅你。我只是想通过你的谈话和交往来引导小拉尔夫的生活态度，特别是提高他对体育和人生的乐趣。"

"我迫切地希望他在晚上的活动中能有一个好伙伴。我的计划是，只要你能引导他走上一条正确的人生轨道，你所需要的一切体育和其他费用，我愿全部承担。"

"这样，你既挣得了你自己的生活费用，也就不是白吃白住了。你觉得怎么样，海明威？"

海明威瞟了他一眼，只说了一个字"行"，就开始收拾自己的钓鱼箱了。

海明威接受了这个工作，并且搬到康纳布尔家，这样他就可继续从事创作。而且康纳布尔包下了他的一切开销，另外每月还给他50美元的零用钱。

海明威是一个知恩图报的人，他也很用心地教导小拉尔夫。在海明威的带动下，小拉尔夫的精神面貌很快就有了改观，渐渐参与了一些体育活动。

重新振作起来的海明威终于有机会可以毫无后顾之忧地从事自己喜爱的创作了。他一次又一次锤炼自己的文笔，等待一个爆发的时机。

成为特写作家

今天,海明威那著名的文字风格已经被公认为一个"创作流派",其特点就是惊人的明快、淳朴和直率。它真挚、粗犷、果断,具有长话短说一针见血之功。

海明威坚定不移地描写情绪、行动、人物和灾难,作品里很少或者根本没有爱情成分,没有感伤,好比是用手纸糊成给情人的赠礼。他笔下死比生更现实,也更真实。

正是这一段时间毫无后顾之忧的写作生涯,才使海明威的才智重新发挥作用,使他那恍惚的神情稳定下来,并且给了他练习写作的清静环境和自我训练的机会。

2月份的时候,康纳布尔回到多伦多,他没有食言,为海明威介绍了他在《多伦多明星周刊》的一些朋友。

这些朋友中有一个是特写版编辑克拉克,他一开始不太喜欢海明威,认为他太年轻,不够成熟。

当海明威谈及他的军旅生涯和从事新闻工作的经验时,克拉克脸上浮现一丝怀疑的微笑。

海明威觉察到这一点,马上拿出自己的勋章和他初当记者时写出的颇有价值的文章。在这有力的证据前，克拉克马上承认了他。那年冬天，他们在一起钓鱼、滑冰，后来成为好友。

同克拉克一样，主编克兰斯顿也没有看出海明威有什么特别有才的地方，只不过是碍于推荐人的颜面，让他给周末娱乐版块写一些通俗小说，每篇稿酬最高只有10美元。

但是克兰斯顿主编很快就发现了自己错得很离谱，并且深深地喜欢上了这个年轻的小伙子。

海明威的文章风格奇异、清新，富于讥讽意味和戏剧情节，还具有一种震慑读者的力量，这让克兰斯顿主编十分赞赏。

克兰斯顿主编能够给予新来的这位特写作家最大的帮助就是不予帮助，只是给他充足的时间，让他多参加实践，在工作中得到发展。只要海明威每星期能交出两三篇带有加拿大色彩的故事，他就心满意足了。

当上了特写作家的海明威如鱼得水，日子过得十分逍遥。作为特写作家，他的职责与做《堪萨斯明星报》见习记者有所不同。他可以自己选择题材，凭借想象力充分发挥，加进一些适合于主题的幽默或悲怆，而无须作什么真实的报道。

虽然每篇故事稿酬不多，只能挣到5美元至10美元，但是海明威却乐在其中，感到英雄有了用武之地。只要能听到自己的打字机彻夜不停地响，他心里就感到高兴。

海明威的第一篇正式署名的故事，是他在多伦多一所新成立的理发技术学校的见闻记。

从这篇叙述看来，海明威第一个做试验品。他出门，路过一个学校，看了看校门口的牌子——多伦多理发职业技术学校。

海明威心想，正好头发该理了，于是他信步走了进去，在一个学徒面前坐下。

"敢给我理发吗?"他问。

"怎么不敢?"

海明威冒险把脖子伸到剃刀的利刃之下,让一个学徒练手艺。

他一步一步地写下去,悲哀的语调变得凶险可怕。

给他理发的竟然是一个学徒,海明威心中隐隐地有点担心,他越是担心害怕,就越容易出事,不是这里拉一道口子,就是那里出一个血疤。不一会儿工夫,海明威头上便伤痕累累。

而在这篇故事的开头,海明威就这样写道:"免费者和勇敢者的真正乐园就是这所理发技术学校。这里一切全都免费。不过你必须勇敢,因为到这个学校去,要求一个人具有那种眼睁睁走向死亡的真正的沉着和勇敢。"

就在这同一个地方,海明威还注意到,一个人只出两块钱,就能让他们为他拔去25颗牙齿,只要他还有那么多牙齿可拔。

海明威幸免了这种屈辱之死之后,接下来发表的特写是6篇捕鱼故事。当然,他不是描写捕鱼的乐趣,他在这些作品里都是站在鲑鱼一边嘲讽捕鱼者的愚蠢。

随着时间的推移,海明威采访了各式各样的人物,有政治家、将军、知名女性、普通人,采访了所有那些有事可报道的人。

但是海明威从不仅仅满足于听到的话语,要等到他觉得有责任用这些话语绘出一幅图画时才会满意。

克兰斯顿主编谈到这位年轻的特写作家时说:"海明威是个天生的短篇小说家。他什么事情都肯做,只要这事真正带有刺激性。他什么东西都敢吃,包括蚯蚓等,还有世界上野蛮部落爱吃的佳肴,为的就是尝尝味道。"

如果想要了解海明威的为人,就要了解作为作家的海明威,因为他的世界都包含在他的书里。他笔下的人物都是真实的,有的和他打过架，有的和他醉过酒。

海明威笔下的人物都是活生生的，他们或者是杀人犯，或者是诈骗犯，或者是妓女和随军谋生者，读者在阅读海明威的作品时，都要先懂得他们的心理动机，这些动机都是原始的、野蛮的、刺激的，也是最直入心扉的。

"他像雪貂一样英俊，生就一双好看的手。那副神情就像一个赛马师，只是身体稍显超重了一点。"

乍看这一段文字，或许海明威在描写一位年轻帅气的小伙子，但其实这篇文章揭露的是多伦多的一个大诈骗犯。海明威用十分准确的笔触描绘了这个坏蛋，字里行间还透露出一种不偏不倚的喜爱。海明威的文章节奏轻快、简洁，而这些在这一时期就已经隐隐地表现出来了。他在写《杀人犯》中用了类似的语言来描写那两个持枪的歹徒。

"出来吧，埃勒。"迈克斯说。

"这两个小机灵和黑人咋办？"

"没问题。"

"你能肯定吗？"

"肯定。咱们下手吧！"

"我不喜欢这样"，埃勒说，"太粗心了，你太多话了。"

"啊，有啥了不起的？"迈克斯说，"寻寻开心嘛！"

"不管怎么样，你太多话了。"埃勒说着，从厨房里出来。那支锯短了的滑膛枪塞在腰带里，在紧绷绷的大衣底下微微鼓了出来。他用戴手套的双手把上衣扯平。

这是从原文中截取了他们的一小段对话，从中可以了解到海明威简明的结构和他那电报文式的对话特色。因为在海明威看来，写作就像猎狮一样，射这一只时就想到还要射下一只。

1920年秋，海明威离开了多伦多，回到芝加哥。然而谁也没有想到，在芝加哥，又会发生一件对海明威影响重大的事情。

被父母赶出家门

海明威是一个多重性格的传奇人物。他的性格太过复杂,这个已经上过战场,负过伤,和阿格尼丝有过一段风流韵事以及在报社工作取得一定成绩的年轻人,却依旧像一个小孩子一般。

海明威喜欢钓鱼,每每她母亲喊他吃饭的时候,他总是坚持要钓到一条大鱼才肯走,而且还要让人都认为这条鱼是他特地钓上来的。

海明威的母亲本来就患有周期性神经分裂症,海明威的幼稚行为让她的思想更加敏感,一有风吹草动就会紧张上半天。

海明威又是一个性格极度叛逆的青年,不喜欢橡树园中各种清规的约束。于是,他和母亲之间的矛盾不断地积压,再积压,终于有一天,两者爆发了冲突。

海明威与母亲之间的冲突酝酿已久,无可避免。这不仅是海明威与父母矛盾的激化,也是他叛逆行为与橡树园宗教传统的一次交锋。

一个家庭中,父母与孩子之间的关系大都是和谐相处。但是海明威却同时与父母都有着激烈的矛盾。

客观地说,海明威与父亲的关系还是不错的,虽然父亲表面看上去很凶,但是因为小时候母亲对他强制性的要求太多,所以使得海明威的内心自然而然地偏向于父亲。

但是当海明威长大以后,他和父亲之间的冲突也就隐隐地表现了出来,而这其中最主要的一个矛盾,就是海明威的行为很孩子气,从来都没有家庭观念,也不管家里的事情。

在海明威上中学的时候,父亲在夏季别墅附近购买了一处农场,放暑假的时候,海明威就在父亲的农场里面帮助干活。

父亲希望儿子能够多在农场里干活,但是海明威每日割草、收马铃薯和豆子,工作时间很长。而同样酷爱渔猎的海明威对这些家庭杂务颇感厌烦,这是他与父亲产生摩擦的原因之一。

父亲不仅把渔猎本领传授给儿子,还要向儿子灌输清教徒的道德规范,这是海明威最反感的。尤其是自己成人之后,父亲仍像教小孩似的指指点点,更使他难以接受。

另外,海明威从欧洲回来后,埃德要儿子割去扁桃腺,这是海明威童年的旧伤。

父亲请自己医学院的好友为儿子做手术,手术相当成功。但海明威却对此抱怨不已,因为在动手术的时候没上麻药,让他受了不少罪。虽然手术不是父亲做的,他却把怨气发泄在父亲身上。

由于海明威对父亲的敌对情绪,使父亲在家庭冲突中自然偏向格雷丝,而指责他的不是。

说起海明威和母亲的冲突,那是由来已久的,从童年时期的家庭培养中就已经展露出来这种矛盾。

母亲为这个叛逆的儿子伤透了心,她对孩子的一片苦心海明威却一点都不理解,反而是处处碰壁,时时伤心。

母亲教儿子学音乐,儿子却拉断大提琴弦以示抗议,并在不久之后就放弃了学琴。她想把儿子培养成斯文知礼的绅士，儿子却迷上了拳击，并经常弄得遍体鳞伤。

母亲一直为儿子的婚事操心，她一直希望儿子能有一个幸福美好的小家庭，因此不断地把温柔贤淑的女孩子介绍给儿子，谁知道被儿子要与女演员订婚的消息吓得半死。

母亲希望儿子能够上大学，可是他却一心要上战场，差一点没把母亲给气死。

好不容易儿子退伍归来，格雷丝旧话重提，让儿子读名牌大学，可说什么海明威也是不去。他根本静不下心来读书，在他有过如此广泛的经历后，正统教育对他来说已属多余。

按照海明威的说法，母亲因为童年时期外祖父的早逝而缺乏教养，成年时又不恰当地放弃了她的音乐生涯，所以形成了她暴躁的脾气。

海明威认为母亲在音乐上取得的一定成就有虚假成分，说格雷丝不注重品德修养，为人又冷酷无情。父母的吵架使他心烦，而争吵的结果是埃德屈从格雷丝。

母亲患病住院期间，是海明威在橡树园最愉快的一段时光。因为这时候，孩子们都摆脱了她的管教约束，他们也从未去探视这位"母老虎"。

海明威所作出的这些说明，乍听起来似乎合情合理，其实不然，不管是哪点都站不住脚。

外祖父死的时候，格雷丝已是23岁的成年人。再者，格雷丝患的是传染病，父亲是怕孩子们传染而不让他们去医院探视。后来，海明威又杜撰了另外一个说法，说是男性味十足的格雷丝慑服了她那怯懦的丈夫，并促成了他的自我毁灭。

海明威写《大夫和大夫的妻子》的时候，格雷丝被描绘成伪善、专横而又迟钝的女人。

另一本小说《我把我自己打翻在地》中，格雷丝烧毁了丈夫珍藏的石斧和印第安箭头。而实际上这些都是他杜撰出来的故事，埃德自杀前始终保存着他的收藏品。

1951年，母亲去世后，海明威内疚地回忆起有关他母亲的美好往事。像大多数为人之子一样，他既尊敬自己的双亲，但也对他们的主要缺点认识得极为敏锐深刻：格雷丝自私成性，埃德固执己见。

一眨眼，海明威到了21岁生日，这个时候父亲在橡树园的家中，而其他家庭成员则都在夏季别墅中。海明威的好友布伦贝克也赶来庆祝。

为了让自己的21岁生日过得更加有意义一些，海明威向母亲请求，允许他到一条从旧金山开往横滨的轮船上当司炉。

布伦贝克也在一旁帮腔，说得天花乱坠，说这次旅行会给海明威提供不可估量的好素材。但是不管他们怎么说，格雷丝就是反对，她要海明威上大学，结果宴会不欢而散。

种种矛盾交织在一起，就好比第一次世界大战时期的欧洲浓云密布的那个火药桶一般，只要一个小小的火星，就能够将它彻底的引爆。

几天之后，一件小事终于触发了积蓄已久的矛盾。

那天，海明威的妹妹和邻家的女孩要在半夜举办一场野餐会，厄休拉和邻家女孩当天下午就把游艇驾到岸边装上食物和必需品。

她们邀请海明威和布伦贝克一起参加，好保护她们的安全。当然，这个计划是女孩们私下进行的，事先并没有得到各自父母的许可。

晚上的时候，大家还是像平常一样在家中睡觉，到了半夜，他们就偷偷地溜了出来，生起营火。

布伦贝克负责弹琴,其他的人唱歌,一边吃东西,一边谈笑,在湖水边浅水处洗澡游泳。

快到凌晨3时的时候,她们才熄灭营火,划着小船。在湖上他们看见有人提着灯笼寻找他们。

原来邻家女孩的母亲半夜起来发现女孩的床上空荡荡的,女仆哭泣地把这件事情告诉了主人,她跑到海明威家里大吵大闹,说他勾引女孩。

当海明威一行人回来的时候,两个男孩被邻家女主人当场责骂了一顿,因为他俩年纪比女孩们要大。

格雷丝被这件事情气得晕死,她把海明威劈头盖脸地骂了个狗血淋头,斥责了他这三年来所犯下的种种"罪过",包括不敬、懒惰、享受、寄生、嬉戏、自私、腐化、反对宗教等。

"除非你改邪归正,不再游手好闲、依赖别人、挥霍钱财、追求享受,不再油头粉面、勾引和玩弄无知少女,不再忘记对上帝和你的救世主应尽的职责。否则,只有彻底堕落这一条路。只有你学好了,不再给妈丢脸了,才能再进家门。"

盛怒之下的母亲认为海明威继续这样下去的话,前途一片黑暗,迟早也要堕入地狱。她要把他解救出来,盛怒之下将他逐出了家门。

海明威的父亲虽然远在橡树园,但是对于夏季别墅中的家庭矛盾他还是十分关注的。知道了海明威被母亲逐出家门的消息之后,父亲所持的态度是支持。

父亲的理由是海明威不能再游手好闲,等他找到了工作,变得懂事之后,他会亲自把孩子接回来。但是在这之前,海明威必须要先离开夏季别墅的家。

在海明威的父母心中,这个儿子一直都是他们家族的耻辱,他是唯一没有上过大学、唯一没有正经工作、唯一公开饮酒,又书写内容猥亵不堪入目的书，唯一改变宗教信仰、企图叛逆橡树园传统的人。

海明威有胆量面对战场上的枪林弹雨，却没有勇气应付母亲的责难。他尊敬父母，却因与他们的思想格格不入而痛苦。

无奈之下，海明威只能痛楚地离开了密执安州的夏季别墅，远离了那个承载着太多快乐回忆的"圣地"，回到了芝加哥，开始了脱离家庭后完全独立的生活。

遭受资本家蒙蔽

海明威被父母驱逐出了密执安州的夏季别墅，不得不一个人独自生活。他重新回到了芝加哥，但是却无家可归，他回不去橡树园。这是海明威一生中最为穷困潦倒的一段时间。

海明威不可能乞求家里人再给他生活费，就和几个志同道合而且处境相同的朋友一起寄居在供膳宿舍或经济公寓中。

海明威成了廉价餐馆的常客。他们的日子过得很拮据，但是很开心。有一点闲钱的时候，大家就一起去低档饭店大吃一顿，没有钱时只好饿一顿。

海明威常常去体育馆看各种拳击比赛或者练拳击。这个喜欢运动的年轻人不管在什么样的险恶环境中，还是没有丢弃自己的秉性。

海明威是一个适应能力极强的人，不管在什么样的环境中他都能够快速地适应。他与一些所谓的拯救世界和平的过时明星们一起喝酒打牌，也和那些社会闲杂人员交友。

海明威待人和气，精明能干，他对什么都感兴趣，尤其喜欢结交各种各样的女孩子，但是他从不动真情。对于海明威来说，谈恋爱能够更好地激发他的创作灵感，以便以后更好地写好她们。

就这样，海明威有一顿没一顿地过着十分艰苦的日子，几星期过去了，几个月过去了，日子一天比一天难过。

尽管生活如此艰难，海明威对写作的热情依然不减。这种日子虽然艰苦，但是有惊险，有刺激，有臭味，有友情，有危险，有激情，海明威觉得这种日子十分有意义。

海明威整日坐在打字机前打稿，废纸篓里塞满了揉皱的稿纸。《多伦多明星周刊》虽然也刊登了他的几篇文章，但是他真正喜欢和用心创作的文章，却总是附了正式退稿信被退回来。

海明威陷入了巨大的经济危机，迫不得已之下，他只能重操旧业，当上了《芝加哥论坛报》犯罪案件记者。这是一份在从前的海明威看来十分刺激，而现在看来万分无趣的工作。

描写对象无非是因穷困跳楼自杀的母亲，酗酒驾车造成的事故以及密执安湖上身份不明的浮尸，等等。

一天早上，海明威在喝一杯重新烧热的咖啡时，顺手拿起《芝加哥论坛报》，浏览上面的招聘广告，引起他注意的是上面刊登的一条关于聘请编辑的信息。

海明威的心头一亮，他吐去了口中的咖啡残渣，用廉价酒漱了漱口，大步走到打印机旁，打印了一封申请简历。

他的申请书很快就有了结果，对方要求他去会见经理。

经理哈里森·派克是一个40岁上下的中年人。他是一个非常狡诈的人，总盘算着怎么样用自己和别人的钱来谋利，他无时无刻不在让自己的那颗奸诈的心发挥作用并且让伙计们时运亨通。

海明威来到经理办公室的时候，哈里森正忙得不可开交，他的办公桌前摆放着一瓶威士忌酒，双手在打字机前敲得"噼啪"作响。

经理哈里森·派克是芝加哥的一个广告商，他有很多技能，揽的事情也很多。当时他是一份商号刊物《合作联邦》的发行人，又是暴利竞争、基金筹集计划、不动产以及一些类似活动的老手。

哈里森先生的营业主要是函洽方式，所以他充分利用了美国的邮政之便。他的商号所以定名为"美国合作会社"，是要取其与历史悠久、信誉可靠的"美国合作联盟"相似之处，混淆视听，迷惑不知内情的读者。

看见海明威过来了，哈里森经理开门见山地说道："年轻人，如果你愿意的话，明天开始你就可以在这里上班。你的工作内容是帮我处理信件往来，为刊物写一些富有人情味的小说和社评。鉴于你刚过来，每个星期我会支付你40美元的薪水。如果干得出色的话，可以考虑给你加到50美元的周薪，怎么样？"

按照当时美国的生活水平，50美元一星期，这个工资可不算低了。而对于当时的海明威来说，别说是50美元，他连5个美元都拿不出来，又哪里会拒绝这样的"美差"呢？!

处理信件，这有什么困难的，那是只要有双手就能搞定的事情。至于写文章，海明威不正是以写文章为生的吗？

所以，已经陷入经济危机的海明威想都没有想就一口答应了下来。然而，海明威万万没有想到，这家所谓冠冕堂皇的"美国合作会社"，全部的员工就只有两个人，经理和他。

在哈里森策划下，这个合作会社向乐于做合作会社社员的人出售不动产证明书，这些人要受自行组成的两人委员会的管辖，而且这个委员会索取很高的工作报酬。

他们赋予自己一种权利，可以不征得社员同意而变卖或典押他们的土地，倘若造成损失或发生舞弊行为也不负赔偿之责。

海明威在合作社的工作是每星期为商号的杂志写五六十页的文章，这很容易，所以他还有时间认真写自己的东西。

海明威在那个合作会社工作了一段时期之后，便看准它的经营是不正当的。不过他又干了一段时期，心里想，我可以写出来，揭露它，摧毁它，取得经验，然后再叫它见鬼去。

然而，还没有等到海明威实施自己的计划，这个合作社就宣告破产了。

1922年，芝加哥的美国地方法院检察官宣布，该会负债1500万元，而它的总资产却只有5万元。

海明威的脑袋不给砍下来差不多算是奇迹了，但是头脑清醒的美国地方法院明白，他是一个年轻的作家，每星期挣50元微薄的工资，原是受了蒙蔽而来工作的，对于全盘勾当没有罪责。

海明威又一次失业了。他和好朋友霍恩在北州街1230号的一个房间里过单身汉生活。

这一次，他们真的到了山穷水尽的地步了。

然而，冥冥之中就像是有一颗幸运星在守护着海明威一般，就在海明威的生活走进死胡同的时候，一个偶然的机会，他认识了史密斯先生，这位恩人帮助了他。

史密斯先生是荷顿湾最古老的一个家族领袖，同时他也是一个热心肠的人。知道了两个年轻小伙子的窘境之后，史密斯先生为这两个小伙子提供了一幢很大的旧公寓，坐落在东芝加哥街100号。

这所公寓除了地方宽敞这样一个可贵的条件外，这里还住着几个有志当作家的人，他们平常的谈话有相互激励的作用，也颇幽默，苦心孤诣溢于言表。每逢有人卖出了稿子的时候，大家都有啤酒喝。

然而绝大多数情况都和海明威相差无几，有一位青年作家一连几周接到的都是退稿信，他干脆用这些退稿信糊了厕所的墙壁。

也就是在这里，海明威第一次遇见小说家兼剧作家舍伍德·安德森。后来他在巴黎为海明威打通不少门路。

海明威同那些组织文学志士座谈会的人并不合群。一个人不能通过讨论去练习写作，正像不开枪打靶并不会射击一样。因此，别人在探讨理论的时候，他总坐在自己的打字机前打字。他的纸篓里常常堆满了揉皱的稿子，他那愤怒的脚步声往往在下面的房间都能听见。

打字机响个不停，纸篓已经盛不下他不要了的稿子。退稿信通常就像秋天或潮湿闷热的夏日街上的落叶，或者像街头女人无聊的闲谈那样无尽无休。

这幢公寓的大厅是多用途的：既是会议室又是约会处，既是讨论室又是安定思绪的地方。住在公寓里的文人雅士们都集中在这里看他们的好消息或退稿信。

终于有一天，海明威怀着诚惶诚恐的心情撕开了交给他的一封信，然后又激动地宣布了信的内容。

"哈！哈！哈！我的稿件被接受了，被接受了！伙计们，为我欢呼吧！"原来，他的小说第一次被新奥尔良的一家叫《两面派》的小杂志接受了。

一个穿破鞋的瘦削的小伙子最先向他祝贺。他带着一份敬佩甚至虔诚向成功者取经："海明威，你能告诉我你写小说是怎样构思的吗？"

"你问这个么？"海明威把信塞到口袋里，说道："不是在写字桌上想出来的，我常到体育馆里看拳击。我到体育馆里去和拳击手一起研究。我在那儿竭力和他们打成一片。你该看看我在那儿的模样。我甚至和那儿的气味打成一片。我从体育馆回来便写下来在那儿的全部感受。我必须看到、感到、闻到才行。"

他太开心了！这个消息来得太及时了，让深受挫折的海明威有一种拨开云雾看到日出的感觉。海明威突然之间有了一种成功的喜悦，这次的投稿成功也更加坚定了他继续创作的决心。他相信，只要自己坚持，一定会有一个辉煌的前程。

有情人终成眷属

用时来运转来形容海明威现在的生活再恰当不过了。史密斯先生就像是海明威生命中的贵人一般,自从他出现之后,海明威的命运一下子就好了起来。

在这所公寓中,海明威积极地创作,从第一篇稿件被接受之后,海明威之后的稿件也频频被各家杂志社接受,海明威的生活开始得到了一定程度的改观。

从根本上说,史密斯这所公寓是很不错的,因为这里虽有许多不同类型的人,但是大家都以写作作为共同的立足点。

这些人或合法或非法地结成配偶,其中有一位愁眉不展的姑娘患有精神病和结核病,宁肯切开自己手腕上的脉管自杀也不愿承认自己怀了孕。

来访的人也都是一些学艺术的人,比如画家和雕刻家之类。当然,鱼龙混杂的地方,骗子也是少不了存在一些的,不过主流上还是好的。

1920年11月初,东芝加哥100号的公寓中,又住进来了一位客人,是一位很受人瞩目的小姐。她叫哈德莉·理查森,她是基特·

史密斯邀请的一位朋友，从圣路易斯到这儿来小住的。

哈德莉的到来犹如一阵和煦的春风使整个公寓为之一振。这不全因为她那飘柔的金黄色长发，不全因为她那传情的双眼，不全因为她那苗条的身材以及充满活力的轻快的脚步声。

是的，不全因为这些。应该承认，她的确是个姿容出众、聪明伶俐的少女，她活泼可爱。但她的引人注目，还在于她的气质和才华。

只要她在公寓里，人们就能听到她房间里传出轻快的歌声和美妙的乐曲声。她的钢琴弹得相当出色。

她之所以从圣路易斯来到芝加哥，就是希望能在这里成就一番大事业。因为这里是美国著名的音乐城之一。

哈德莉比海明威年长8岁。她聪明伶俐，姿容妩媚，意志坚定，自信心强。她有才智，也有气质。

哈德莉的出现，意外进入了海明威那种虽有计划但仍忙乱的生活之中。海明威对她一见钟情，他说："这正是我心中要娶的姑娘。"

海明威为之倾倒。

海明威倾倒于哈德莉的美貌，倾倒于她的气质，倾倒于她的才华。这是他第一次对异性动真感情。他心甘情愿地拜倒在她的石榴裙下。

和海明威一样，哈德莉也出身于中西部的中上等家庭，但她的童年却相当不幸。任何人都会深深感到哈德莉和海明威的母亲之间的相似之处。

哈德莉家在圣路易斯州，父亲是一个商人，经营家庭制药企业。哈德莉是家中最小的女孩。

小时候，哈德莉意外从窗台上摔下来，背部受到重伤，她的身体一直不太好，从小就被视为病人而被抚养长大。她成年前的生活完全是母亲一手安排的。

哈德莉12岁时，她父亲因生意失败而自杀。18岁时哈德莉随母亲旅欧。她母亲对神学和各种心灵现象感兴趣，为哈德莉选购衣物时却总是从实用观点出发，从不考虑款式是否新颖，只讲究是否经济实惠。

哈德莉爱好音乐，是很有才华的钢琴手，曾在圣路易斯开过音乐会，后来因体弱多病而放弃了她的音乐生涯。这些经历与海明威母亲很相似。

1920年秋，哈德莉的母亲患病去世，给她留下一笔每年可收入3000美元的遗产。母亲去世后，无依无靠的哈德莉不得不独自养病，独立生活。刚好她有同学在芝加哥生活，所以她也来到了芝加哥。

海明威倾倒在了哈德莉的石榴裙下，哈德莉也同样钟情于他。

海明威家庭出身不错，父亲医术高明，在当地德高望重，母亲颇有艺术修养，家道也十分富裕，但他不依靠他们。

哈德莉为海明威活跃的激情所倾倒。他仪表堂堂，熟练拳击和钓鱼，致力于写作事业，还有他在战争中的英勇业绩。当然，最吸引哈德莉的莫过于海明威那粗犷而富有张力的作风；而且他这个人很能适应环境，无论在高级餐馆还是在海滨的下等酒吧间他都能同样自得其乐。

而且两人的家庭背景也比较相似，他们都出身于中等家庭，可谓是门当户对，而且对艺术都怀有浓厚兴趣。虽然海明威在日常生活中对她照顾不周，但哈德莉仍感到他比别人更温存慰藉，更体贴人。

海明威很尊重哈德莉，从不把她当病人看待。为了恢复她的自信心，海明威做了很多工作，一直小心翼翼地呵护着她，带她参加一些户外运动。

"亲爱的，你知道吗？你可真是上帝赐给我的宝贝呀！看看，你滑冰的时候样子是多么的可爱，你真是一个运动的能手呀！"

海明威试图把哈德莉从一直在别人保护下过生活的状态中拉出来，不断地用甜言蜜语称赞她。在海明威潜移默化的感染下，也让哈德莉的形象发生了很大的变化。

有一次，海明威徒步旅行，艰难地越过圣伯纳德山口时，哈德莉能坚强地忍受各种痛苦，与从前弱不禁风的大家闺秀相比，简直判若两人。

自从生活中有了哈德莉之后，海明威觉得自己一下子长大了，从前和父母之间的矛盾，这个时候他也放下了。

母亲对于哈德莉十分满意，这个经历与她有几分相似的女孩子一下子就得到了格雷丝的认可，她积极地为儿子筹办婚事。

有情人终成眷属。

1921年9月3日，海明威和哈德莉在密执安州的霍顿湾举行了盛大而又隆重的婚礼。

结婚的海明威显得很紧张，进入教堂前的一切准备工作使他的思想极度活跃，甚至产生了很多风马牛不相及的古怪想法。

即将结婚前的这个瞬间使海明威不由自主地想起他参加拳击和足球赛前的更衣室，进而滑稽地想，如果他被判处绞刑，在行刑前的感觉是否也是这样。

海明威终于要结婚了，这个好消息传遍了他的生活圈子，父亲和亲戚好友都来这场婚礼中帮忙。

海明威的表弟担任伴郎。比尔·霍恩、凯蒂·史密斯、康纳布尔夫妇等好友也都携同儿子参加了婚礼。

新婚夫妻在密执安州的夏季别墅度过了为期两周的蜜月。不言而喻，这个蜜月计划肯定是海明威提出来的，他原来计划在那里陪同新婚妻子度过一段美好岁月的。

可惜事与愿违。哈德莉说那是一个可怖的蜜月，他们一到别墅就病倒了，先是严重食物中毒，后来又患流感。

那段婚后生活正如海明威在《永别了，武器》中所描述的："真如在漫长的黑暗中划船过湖。"

婚后三年，海明威对这位丰满的妻子仍然赞不绝口，他告诉自己的表弟比尔·史密斯说："你嫂子钓起鱼来像男人一样，兴趣浓厚，绝不是装模作样。她懂得拳击如同懂得音乐一样多，啊，真是让我陶醉呀！"

决定定居欧洲

海明威结婚了，这个放荡不羁的年轻人找到了自己的爱情归宿，他热情洋溢地筹划着婚后与妻子的幸福生活。

虽然海明威壮志难酬，当时他的稿件也大都被一些杂志社所接受，但是，一个无可规避的现实问题是，海明威结婚的时候还没有工作。

为期两个星期的蜜月很快就过去，这对新婚夫妇很快就回到了芝加哥，他们暂时居住在史密斯先生借给他们居住的那栋公寓里面。

新婚夫妇共同计划新的前程，力图改变现状。在史密斯的家中单身生活固然是达到了原来的目的，但是海明威知道，他不能采取这种常见的自以为高明而实际空虚的态度。

任何一棵大树都必须扎根，否则就会像个蛋壳一样站立不稳。

就在这年秋天，舍伍德·安德森从巴黎回来了。他们来看望这对新婚夫妇，顺便给他们带来了好消息。

舍伍德·安德森是美国著名作家，他们的交情开始于东芝加哥100号的公寓中。他对海明威影响很大，是海明威初涉文坛的引路人。海明威的第一本书《在我们的年代里》就是由于他的帮助得以出版发行的。

当时巴黎是先锋派文学的中心，法文作家和英文作家均会集巴黎。舍伍德相信海明威在那里能更好地汲取各家之长，从而形成自己的风格，在文坛上占有一席之地。

"法国和德国都是好地方"，舍伍德这样对海明威夫妇说，"通货膨胀难以控制，但是只要有几美元，两夫妻就能过王族一样的生活。花不了几个钱，一个作家所需要的舒适和环境就都有了。"

舍伍德先生的这句话很有诱惑力，打动了正好无所适从的海明威夫妇。

海明威夫妇充分考虑了这番话。海明威可以写作，而哈德莉则可以搞音乐。

恰好在这个时候，哈德莉的叔父阿瑟去世了，她又意外地获得了一笔8000美元的遗产，再加上她原来所得父母的遗产，这笔钱足以使海明威夫妇这趟欧洲之行衣食无忧。

海明威夫妇又到多伦多去了一趟，去找《多伦多明星日报》商量工作和稿酬的事情。

早在海明威为《全国互助合作社》杂志工作的时候，《多伦多明星日报》的主编约翰·博恩有意聘请他。海明威找好友克拉克商量，克拉克就是《多伦多明星日报》的特写版编辑。

克拉克给他出主意，说他现在的工资是周薪75美元，而实际上是50美元，可以提出要90美元。海明威则提出要85美元，所以当时双方并没有谈妥。

舍伍德先生给海明威提出了建议，让他到欧洲去生活，于是海明威专程去了一趟多伦多，这一次他与《多伦多明星日报》达成了一致。

海明威作为《多伦多明星日报》在欧洲的常驻记者，在欧洲期间，所写文章按篇付酬，外出旅行搞特写报道时，周薪75美元，费用实报实销。

海明威已经长大成人，不需要橡树园了。他也不需要芝加哥和报界了。他愿意回到他初次遭遇大悲剧的血染沙场上去。在那儿，他将作为一位作家来征服世界。

海明威夫妇动身前，舍伍德专门为海明威写了几封友好的介绍信给巴黎一些知名人士，如庞德·斯泰因、西尔维亚·比奇和刘易斯·加兰蒂尔等。信中说："海明威是一个有卓著才华的年轻人，我相信他总有一天会崭露头角的。他曾经是一个颇负盛名的新闻记者。"

海明威踌躇满志地准备动身，旅居巴黎是他人生中重要的一个转折点。和哈德莉的结合，使海明威不仅获得一个美丽女人的爱情、一笔可观的收入，还有在欧洲度过的愉快的日子。

1921年12月5日，尽管大雪阻碍了交通，纽约寒风刺骨，海明威偕同新婚妻子从纽约乘船前往法国。轮船并不是直接驶向目标巴黎，因为途中需要增加补给，在西班牙做了短暂的停留。

西班牙海明威还是第一次去，他觉得很新奇。而当时西班牙最出名的莫过于斗牛比赛，对于海明威这样一位喜欢惊险刺激的挑战者来说，没有什么比看斗牛赛更加有意思的事情了。

海明威匆匆买了两张入场券，准备和妻子哈德莉一起进场。到了斗牛场地的时候，海明威突然又想要去喝酒，就让哈德莉一个人先进了场。

旁边的酒吧里面，一群新闻记者正喝得兴起，大家相互吆喝着，旁若无人。海明威哪里见过这样的阵势，嗜酒如命的他马上也加入了这个队伍。

等到斗牛赛快要开始的时候，这帮喝过了头的斗牛迷们才傻了眼，不知不觉之中他们把自己的入场券都给弄丢了。

本来他们想要重新买票，但是现在斗牛赛马上就要开始，入场券早就停售了。

放弃吗?可是这群人全都是斗牛迷,谁又甘心呢?!尤其是海明威,千里迢迢好不容易才遇上这么一次,轮船在西班牙逗留的时间不会很长,要是错过了这次,天知道什么时候才能看到这样一场精彩的比赛?!

"要不这样吧,我们让宪警队把我们当成犯人一样,从侧门带进斗牛场,你们说怎么样?"

"好。"

不知道是谁给出了这么一个馊主意,大家一听之下顿时拍手叫好。于是就这样,这群好酒的斗牛迷们总算是进了斗牛场,过了一把瘾。

海明威后来回忆起这次斗牛的时候,还意犹未尽地说道:"那是一个很大的斗牛场,所有参加斗牛的斗牛士都是老手。观众发出一阵阵的掌声,热情地欢迎他们喜欢的斗牛士。"

"哈德莉还收到了一只牛耳朵,用纸巾很好地包装珍藏起来。那是老斗牛士赠送给我们的礼物。那只牛耳朵又干又硬,上面的毛也都被磨光了,但是我们还是很喜欢。老斗牛士的表演相当的精彩,唯一遗憾的事情是,我那天喝得太多了,看得晕乎乎的。"

轮船在西班牙的维哥港作了短暂停留。停留期间,海明威写了一篇有关在西班牙钓金枪鱼的文章。

在船上,粗通法语的哈德莉教他口语,海明威法语表达能力差劲得很,哈德莉评价说:"海明威法语实在不怎么样,怎么也讲不好。但他凑合着说下去,也能听懂别人说。"

海明威在语言学习上狠下了一番工夫,后来他的法文、西班牙文和意大利文虽不大准确,但却通顺流畅,对他最感兴趣的诸如运动、斗牛以及战争等方面的专门词汇运用自如。

三天之后,天朗气清,已经完成补给的轮船终于又起航了,这次他们将直接到达目的地巴黎。

在巴黎的新生活

1921年12月22日,海明威夫妇到达巴黎。他们正好赶上了在欧洲的第一个圣诞节。把行李安顿在宾馆里后,夫妻俩就去吃了一顿丰盛的圣诞节午餐。

"来,哈德莉,为我们即将开始的美好生活,干杯!"

"圣诞快乐,亲爱的!"

虽然身处在异国他乡,但是海明威却十分兴奋。巴黎的酒菜十分丰盛,味道也非常独到特别,令他们回味无穷。

美中不足的是海明威低估了饭钱,结账时才发现口袋里的钱不够,哈德莉只好尴尬地坐在座位上,等着海明威回房间取钱来付款。

有过这一次的尴尬事情以后,海明威每次出门都多带了一些钱。对于刚刚来到巴黎的这对新婚夫妇来说,巴黎就像是一个神秘的潘多拉魔盒,总是在吸引着他们的眼球。

"好一个五花八门的城市。"他写信给舍伍德·安德森时说。他和哈德莉就像两个性急的密探那样沿街巡视。他们在穹形咖啡馆吃饭,没完没了地在罗浮宫参观,在拿破仑的墓边徘徊,在塞纳河畔各个书店里浏览。

海明威安排了一定的时间去观光,把白天大部分时间用来打字,把他所看到的一切写成有条有理但不加修饰的真实报道。

白俄贵族如今在和平咖啡馆看门,带伤疤的公爵在驾驶破旧的出租汽车。法国人虽然打了胜仗,但仍不肯饶人,对那些德国兵咬牙切齿、恨之入骨,退伍士兵成了没有腿的乞丐,找不到工作,他们只剩下一枚战功十字勋章,因为这件东西在当铺里换不到法郎。

在巴黎,海明威看到了自己的年轻时代。这帮人是"纯粹的人的精华",是被战争抛起和连根拔出的一代人。

他们没有目标,没有信仰。有的人自溺于塞纳河里,有的人在自己的顶楼服毒自杀。还有的人懒懒散散、无所事事,以此来窒息生命。

当时聚居在巴黎的各国艺术家们自发搞起了一个艺术家沙龙,沙龙的中心是一个名叫格特鲁德·斯泰因的美国女作家。

斯泰因女士的"玫瑰花永远是玫瑰花"的声誉已蜚声于海内外,她正在促进这个沙龙的发展。同当年的乔治·桑颇有相似之处,后者最著名的保护人和情人就是肖邦。

海明威的手提箱里小心地放着许多介绍信,最重要的是舍伍德写给斯泰因的一封,信上说,希望她能帮助这个"具有非凡才能的青年人"。

在战后时期,法国把各种形式的艺术都看做赤裸裸的和感情上的写实主义,后来便一头扎到精神上的写实主义之中,探索意识流的写作方法和写实主义的绘画。

毕加索正在震惊着旧世界。这些新时代的开拓者都簇拥在格特鲁德·斯泰因周围。她对别人的鼓励和资助要比她自己的作用更有永久意义。斯泰因家下午和晚上的集会形成了当时巴黎的艺术中心。

海明威来到巴黎,为的是提高他所选定的一种艺术写作。他坐下来恭听格特鲁德·斯泰因及其朋友艾利斯·托克拉斯的谈话，还被介绍给这里常来常往的人。其中有许多都是在前进的道路上迷失了方向的，只有少数算是成了名，其中包括诗人埃兹拉·庞德。

年轻的海明威是个记者，同时一心想要创作伟大和不朽的小说，所以初来乍到的海明威被他们新鲜的谈话给吸引和震慑住了。

他们的谈话吸引着海明威，但他插不上话，他只能坐在那里默默聆听。他们谈到什么意识流，谈到什么印象派，还有什么象征手法、写实主义，这一切对他来说都很陌生，他得好好揣摩揣摩。

渐渐的，海明威揣摩出味儿来了。他觉得其中有可取之处，但也不能说全对。他在那儿听他们谈话时，心里自然有了取舍。

海明威在倾听斯泰因的独白时，总是取其精华，弃其糟粕。他尽情地欣赏了她收藏的绘画，在那些画家的作品中看到了他要用打字机表达的许多东西。

海明威在斯泰因的沙龙聚会上学到了很多，但是并非所有的观点他都能够在第一时间接受。比如说斯泰因最早提出过一个观念，说他们这代人是"迷惘的一代"。

这让海明威实在难以接受。他的确经历过一段痛苦的历程，他的确看见过巴黎那些经历了战争的灾难、至今仍无力自拔的一代人，但是要他承认自己迷失了方向，他是万万不会同意的。

"她的说法完全是危言耸听。我认为我们这一代人也许在许多方面受了伤害，但是除了那些死者、残者和已经证实的疯子外，如果说我们都迷失了方向或者受到了损害，那我无论如何都不相信。"

"我们是迷惘的一代？不对。我们是坚强的一代。我们受过战争的考验。例如克里奎，他是一个真正的残疾人，但是他荣获了世界轻量级拳击冠军！虽然我们中的某些人没受过什么教育，但你还是可以信赖他们的。"

为了证明自己并没有迷失方向，海明威把自己打扮得像《多伦多明星日报》的董事长而不是个小记者。他衣冠楚楚、风度翩翩，好一副坚强的男子汉模样！这样一个人哪能属于迷失方向的一代？

然而有意思的是海明威后来不但接受了这个观点，而且还对此大加赞赏，并且在他的成名作《太阳照样升起》的扉页上，开篇一句就是："你们都是迷失了方向的一代。"

渐渐地那个当代沙龙的第一阵冲击力不久就消失了，斯泰因再也看不到海明威的身影了。

他到巴黎来为的是写书，而不是来参加聚会。空谈出不了作品，写作总比谈写作有用。巴黎，整个巴黎，才是他的前院。

巴黎，这座塞纳河上具有神奇色彩的名都，数百年来，就是作家、诗人和艺术家的创作之地。

20世纪20年代初期，巴黎不仅是文化艺术中心，而且物价也相当便宜，为文学创作提供了良好的气氛，是文人向往的理想生活地和工作地。

当时，许多著名英文作家和法文作家都定居巴黎，这里还有数以百计刊登新兴作家作品的小型杂志。

在巴黎，海明威学习创作，广交文友，练习拳击，欣赏名画，外出旅行，过着清苦而又充实的生活。巴黎则为他提供了用武之地，艺术上的熏陶，文学上的批评，为他成名、成功铺平了道路。

巴黎是海明威笔墨生涯的起始点，驻欧记者的工作使他得以广泛接触社会各阶层，锻炼了他对生活的观察力，为他提供了丰富的生活素材。

但是海明威知道，巴黎和芝加哥有两个共同之处，一好一坏。好的是，两地都是文化城，各有各的特色。坏的是，两地都很堕落腐化，而且名副其实，唯恐不及。

海明威夫妇在巴黎安顿了下来，他们从宾馆搬到勒穆瓦纳红衣主教街一幢相当简陋的公寓里。

勒穆瓦纳是巴黎醉汉和贫民集中的地区，十分阴暗沉闷。海明威夫妇住的是一个有两个房间的大套间，浴室是一间小房间，里面有一个盛污水或小便的大桶。

海明威说这套公寓对那些习惯于密执安那种使用户外厕所的人来说会感到够舒适的了。而哈德莉出身富裕家庭，认为居住条件太过简陋。但她性格柔顺，凡事都依从海明威，从不口出怨言。

初到巴黎的海明威人地两生。他一方面希望手中那点钱能多维持一段时间；另一方面则陶醉于放荡不羁的生活。

海明威给芝加哥的表兄妹写信说："我们一个月花销 250 法郎，住在巴黎最古老地区一座高山顶上。这是一个很优美的地方，下面有一座青春舞厅，你可以听到为舞会伴奏的手风琴声，但一点也不干扰你。"

海明威夫妇生活在贫民区，但是他给美国的亲友们说起在巴黎的生活时，总是吹嘘说他们生活得如何豪华，有客厅和更衣室，还有一个女佣为他们服务。

海明威真是夸张得可以。但是他乐观地相信，他的写作前景会是一片光明，巴黎必将是他人生的一个新起点。

但是贫民区的这个既狭窄而且喧闹的环境，对海明威的创作干扰极大。为此，他又特地在一个旅店租了一个小房间用于创作，甚至可以说，海明威更多的时间是在咖啡馆度过的。

成名以前的海明威生活极其朴素，一个笔记本、一支铅笔、几杯朗姆酒和一盘葡萄牙牡蛎便可以让他幸福地过上一天。

海明威常去的咖啡馆叫丁香园，他每天一大清早就去那里，那里简直算是他的写作根据地。

那个时期的海明威有点小迷信，写作时经常在右衣袋里放进一根七叶树枝和一条兔子腿，据说这样能交好运。

海明威白天集中精力从事创作，对其他一切漫不经心，一旦进入创作状态就浑然忘却了一切，创作顺利时常常熬夜写作。

如果一天预定的工作没有完成，他就不去娱乐活动。如果一天也没写出东西或写的文稿不好，他就会感到很痛苦，脾气也暴躁起来。

海明威对自己在文学界的前景充满信心。用他的名作《午后之死》中的话说："最伟大的事莫过于持续下去并完成你的事业。"

常驻欧洲记者

海明威在欧洲担任的工作是《多伦多明星日报》常驻欧洲记者，为该报撰写一些稿子，而这个工作最大的特点就是有机会也有必要让他旅行。

"这就是我的大学教育。"海明威曾经评论说。他的短篇小说固然有价值，但是他那些笔记本里有条不紊地写下的见闻录、印象记和记叙文，更成为后来许多年的写作素材的源泉。

海明威去世前不久，他的夫人还说，他找出了在巴黎存放多年的几本旧笔记。这些笔记使他记起久远的往事，海明威开始把旧事融合到新的素材之中。

第一次世界大战后的欧洲动荡不安。

不管是战胜国还是战败国，这个时期都面临着巨大的政治和经济危机。在这有如污泥浊水般的政治旋涡中，作为驻欧记者的海明威必须明确地辨明这些消息的真伪和背后的真相。

海明威认为："要真实地反映你未曾亲眼目睹的东西是非常困难的。"

在这期间，海明威写了有关各种会议、战争和当时各国一些政治领袖的文章。

海明威也写了许多关于欧洲现实生活的社会评论性文章，如瑞士的名胜、法国的衣着、俄罗斯的流亡者、德国的通货膨胀等。

后来海明威还写了一些他喜爱的体育活动的文章，比如一些钓鱼、滑雪的故事等。

海明威对记者工作非常内行，但又有点儿玩世不恭，经常把最好的材料秘而不宣，保存起来作为小说的素材。他的同事为此指责他，他满不在乎；除非新闻工作能为他提供急需的费用，并能使他与其他作家建立联系。

墨索里尼指使他的黑衫党大举进军拿下罗马。许多记者和政治评论家竭力为他涂脂抹粉，大肆鼓吹这个意大利法西斯头目是意大利人民的救星。

海明威最先去了意大利，并最先报道了墨索里尼拿下罗马的消息。他采访了墨索里尼，他说墨索里尼"是个有着棕色脸庞的男子汉，前额很高，难得一笑，有一双富于表现力的大手"。

但是这个时期的海明威已经展现出来他非凡的政治嗅觉，他没有把墨索里尼美化为意大利的救星，而是反其道而行之，把这个法西斯头目写成一个危险的"品性很坏的人"。

当别的政治家只看到墨索里尼的优点时，海明威在报道中却一再警告："墨索里尼不是傻瓜，他是一个了不起的组织家。"并且海明威引用了墨索里尼的论断："我们有足够力量去推翻企图反对或消灭我们的任何政府。"

1922年11月，墨索里尼夺取意大利政权后参加洛桑会议，海明威第二次访问了这位领袖。时隔5个月，海明威的洞察力更为尖锐，他看透了墨索里尼的伪装，称他是欧洲最大的骗子。

海明威声称："对一个穿黑衬衫、白鞋罩的人，我们犯了某种错误，甚至是历史性的错误。他不是意大利的救星，而是欧洲最大的骗子。"

墨索里尼与东条英机、希特勒并称第二次世界大战三元凶，他的性格和法西斯本质现在世人皆知。

而在当时，墨索里尼却伪装得相当好，在国内国际都有着崇高的声誉，很多名人，包括后来的英国首相丘吉尔和英国文豪萧伯纳都对他大加赞赏。

而海明威早在1922年就对墨索里尼的本性观察得入木三分，的确是令人非常吃惊的事。

1922年10月，土耳其的解放者和独裁者凯末尔把希腊人逐出了小亚细亚。希腊军队在士麦那战败，撤离该城，进占的土耳其军队把士麦那变成了屠宰场。

土耳其军队以无谓的混乱方式排除异己，使无辜的平民百姓背井离乡，流离失所，其惨状目不忍睹。

海明威让哈德莉留在巴黎，自己赶去观察这场战争。虽然他到达时战争已接近尾声，他仍详细描绘了"君士坦丁堡"的政治形势和物质的贫乏。

针对希腊、土耳其战争的灾祸，海明威为《多伦多明星日报》写了14篇文章，这是他以后成长为作家的非常重要的因素。他第一部小说集《在我们的时代里》就有3篇关于希土战争的短文，而且都是上乘之作。

海明威和希腊难民一起撤退，对这场战争作了生动地描写："安德里亚诺普城外那些全是稀泥的低洼地带，雨中高耸着一座座清真寺的尖塔。喀打加奇大道上拥挤不堪的车辆绵延50英里。水牛在泥潭里拉拽这些大车缓慢地向前挪动。车队不知头在哪里，也不知尾在何方。一辆辆大车上装的就是难民的全部财产。年迈的男男女女浑身湿透,跟在车旁赶牲口。马里查河混浊的河水几乎涨上桥面。整个撤离期间一直下雨。"

希腊军队在士麦那战败之后,6名希腊内阁大臣遭到枪决。他们被带到一家医院的墙根旁,一字排开。

其中有一名财政大臣染上了伤寒,走不动路,两个土耳其士兵蛮横地架着他出来。那名大臣站不起来,只好抱着脑袋坐在泥地里,"砰"的一声就被一枪打死了。

海明威的报道感情强烈,有股震慑人心的力量。他在报道完这一事件之后,在末尾处又加上一笔:"有一个被处决的人高高举起一个小小的耶稣受难像。"

当海明威和同事们说起这些事情,又变得十分自然:"今天看到一个焚烧的村庄,我就拍了几张极为精彩的照片。那场景十分壮观,就像踢翻了一个蚂蚁窝。难民的惨状简直就像是地狱。在这个国家真能看到一些可怕的事。"

海明威在君士坦丁堡得了疟疾,10月18日即在他写的有关难民问题在多伦多发表的前两天,海明威离开色雷斯,筋疲力尽地回到巴黎。他病倒了,身上长满虱子,不得不剃了个光头。

海明威累得筋疲力尽,不得不静下心来用心地调养几天。他于11月22日赶到洛桑,当时洛桑会议已召开两天。这次会议是批准承认土耳其的胜利成果,主要成就是重新确定土耳其边界,以及分配奥托曼公债、交换人质、希腊的战争赔偿。

参加洛桑会议的代表来自英国、法国、意大利、希腊和土耳其。海明威在会议尚未有任何结果前就不再参加那些记者招待会了,他集中精力采访各国领导人。

在他的文章里描述了墨索里尼、英国外相寇松、苏联外交部部长契切林、土耳其将军伊斯梅尔·帕夏。洛桑会议一结束,海明威就写了一首诗，题为《他们都在谈和平——什么样的和平?》，对国际外交界的道德败坏进行讽刺：

> 寇松爵士爱孩子
> 契切林爱孩子
> 穆斯塔法·凯末尔
> 也爱孩子

20世纪30年代的欧洲战祸迭起、风云多变。他因工作需要到了德国。"一战"后的德国正在经受着急剧的通货膨胀的威胁。

在德国，流通货币每小时都在贬值。失业以及对法国这样的战胜国的仇恨像癌症一般摧毁着这个国家的国民精神。

德国人民摇摆于共产主义和希特勒疯狂的法西斯主义之间，软弱和虚幻的魏玛民主政体则还想维护自由的价值。

有时工作不需要他赶到某个指定的地方，他就带着妻子去瑞士，去米兰，去奥斯塔，去里维埃那尽情游玩。

当然海明威去得最多的地方还是西班牙。那个地方就像一块磁石一样吸引着他，她像个轻佻的姑娘，激起的感情和冒险千变万化，难以言传。

哪里有行动，哪里就有记者海明威。他天真地访问了科隆大教堂，从塔楼上俯视城市广场上的一场暴乱。

海明威在给《多伦多明星日报》的稿件里写道："科隆的乌合之众，企图拆除前德国皇帝威廉二世的巨大雕像。这场骚动以革命开始，以小规模的暴乱而告终。"

在莱茵河上，他看到了愤怒的人群同警察搏斗。3个警察被从桥上抛到混浊的河水里。第4个抓住桥栏杆，两只脚吊在半空中，活像一个怪模怪样的木偶。

一个对手抓起一把斧头对准这个警察的双手猛劈下去。只听见一声惨叫，他便跌进了急流之中，立刻冲得看不见了。

"怎么会这样野蛮？"

"因为从前德国在战争的灾难中从没有吃过败仗。"

海明威问道，然后他又自我嘲讽地如是回答。

将近5年时间，海明威代表《多伦多明星日报》经历了欧洲的许多地方，参加了各种政治会议和经济会议，会见过不少政界要人。

海明威直接与政治家交往，并参与了一些历史事件，使他的政治思想更加成熟。他对被流放的俄国人深表同情，还同情被压迫的希腊人、惨遭暴乱的德国人和生活在法西斯机枪下的意大利人。

在《我们的时代里》中，海明威对战争和动乱的受害者充满同情，而对国王、将军和外交家却含沙射影，大加谴责。

海明威既注意看，又注意听，就是不引用政治理论。他也无意装成能预卜吉凶的先知，所以他的观察特别准确。

海明威作为一个优秀的新闻记者树立了自己的声誉之后，便设法采写独家报道的内幕新闻。他会见了法国总理克列孟梭。此人当时可说是对于意大利和德国的沙文主义和极端主义咆哮不已的猛虎。

海明威写了一篇很有见地和激情的文章。但是《多伦多明星日报》拒绝刊登这篇访问记，海明威很想立即辞职。

只是因为考虑到每星期的工资，他才暂且作罢。他向那位法国政治家道歉，回来却向哈德莉发泄怨气。这件事埋下了他对新闻报道工作感到失望的种子，后来终于使他离开报界。

长子约翰出世

　　巴黎仍然是海明威夫妇的家,也是仅次于西班牙的海明威钟情之地。哈德莉在一所公立音乐学院学习,脑海里总在梦想有朝一日能开音乐会。

　　白雪飘落在巴黎那些令人眩晕的屋脊上时候,哈德莉在思念出差在外的丈夫。等到杜伊勒里宫的园林里第一棵桃树开花的时候,她还在想念他,因为他不在这里和她同赏美景。

　　海明威总是撇下她,一会儿去了意大利,一会儿去了瑞士,一会儿又去了希腊。

　　战乱中的希腊固然不是女子该去的地方,德国的暴乱以及许多政治的经济会议,也同样不是女子可以参加的。

　　当然,在条件允许的情况下,海明威还是愿意陪同妻子一起前往的,但是他们仅有的一次共同出行,却让海明威深受打击。那次打击和弹片打中他的膝盖一样严重。

　　事情是这样的,当时海明威应邀前往参加洛桑会议,哈德莉后来也从巴黎赶往洛桑,打算和正在采访洛桑会议的海明威去做另一次滑雪休假。

1922年12月中旬，哈德莉随身携带一个手提箱，里面是海明威尚未发表的全部手稿、打字稿和复印本，包括他的第一部长篇小说、18个短篇和30首诗。

哈德莉把装满手稿的手提箱放在她的车厢内，然后离开车厢去看她的衣箱是否装上车，当她返回时发现手提箱不见了。

尽管事后多方查寻，手稿如石沉大海，只有交到出版商手里的那部分保存下来。

这件事情发生之后，哈德莉好几天不敢把真相告诉海明威，而当哈德莉说明真相时，海明威感到非常难受。

这件事使海明威受到极大的震动和伤害。手稿的丢失不仅使他多年的心血化为乌有，还给予他可怕的心理影响，以致海明威一度认为自己不可能再从事创作了。

22岁的作家丢失了自己的第一部长篇小说稿本时的那种难过劲儿大概不亚于80岁的女王丢失自己心爱的钻石头饰。而这一切，大半都要责怪于哈德莉在车站的耽搁。

哈德莉对丈夫的作家生活了解甚少，漫不经心地携带文稿，而不是把它安置在安全的地方，从而使丈夫感情与思维的成果丢失。

深感内疚的哈德莉理解了海明威当时的悲痛心情：

> 海明威是那样深情地把自己融化在他的作品中，我认为他一直没有从这个无法挽回的损失的痛苦中恢复过来。

这种打击对海明威与哈德莉的姻缘无疑是一种灾难，给夫妻关系蒙上一层阴影。

海明威是个难以共处的丈夫，这也是容易理解的。

海明威在体育和娱乐上一向大方，但对哈德莉的衣着消费却很吝惜。他一直没为哈德莉添置新衣，并荒谬地说："不买任何新衣服，你就能省下钱来享受了。"

哈德莉性格温顺柔和，在许多事上都屈就海明威，再说她母亲为她选购衣服时多以便宜为标准，所以她对此保持沉默。

但她的朋友却看不惯海明威不近人情的做法，她叫嚷道："哈德莉这样逆来顺受也太蠢了！她的衣服破旧得无法上街，何况还是她自己的钱。"

海明威一直认为他母亲控制着他父亲，因此决心主宰自己的婚姻，一开始就对妻子很严厉。

他的文友斯科特·菲茨杰拉德一次笑着对哈德莉说："我注意到在海明威家里，你的一举一动都得听海明威的。"

也许海明威并不喜欢这样做，但菲茨杰拉德的话却是事实。

海明威在欧洲工作期间大都是一个人在外面，而把妻子独自留在家中。哈德莉日夜独处，不免怨恨，因为丈夫的冒险热情降低了她在他生活中的地位。

就是人在巴黎，海明威也不会常待在家里陪伴妻子。他喜欢在路旁的小咖啡馆里坐一坐，在卢森堡花园的小径上走一走。那里有伟大的雕像，有福楼拜、左拉和莫泊桑的胸像。

他常常是随便在哪个便宜的餐馆里喝点咖啡，吃点奶油松糕，然后往往坐在那张餐桌上一写就是整整一个上午。

不写东西的时候，要么埋头看书、学法语，要么邀上好友约翰·道·帕索一起喝酒或者去看赛马或拳击。

海明威还骑着自行车周游法国全境和奥地利的一些地方。回来后，他不是向妻子讲述旅途见闻，而是坐在写字台前一写就是好几个小时。哈德莉想必弄不懂到底哪个更重要：她呢？还是那架打字机。

夫妻之间的矛盾渐渐地展露了出来。不久之后,哈德莉怀孕了,对于每一个新婚家庭来说,这恐怕都是一个值得庆祝的好消息。

但是对于海明威来说,这却不是一个令他兴奋的消息。他还在忙着自己的稿件,他觉得这个孩子来得太早了一些,他还没有做好当爸爸的心理准备。

一天海明威又去拜访格特鲁德·斯泰因。他独处一隅,不言不语。这时候他虽然不是经常出现在斯泰因身边的那个沙龙,但是因为海明威曾经负责替她卖出一篇在许多编辑部周游过12年之久的稿件,她感激之至。更重要的是,她很喜欢这个青年人。

海明威在那里喝了咖啡,又在闲谈之间吃了一顿午饭,下午也没有表示要告辞,而且接受了留他吃晚饭的盛意。到了夜里22时,他才腼腆地宣布说,哈德莉怀孕了。

"恭喜你呀,海明威,你要做爸爸了。"

斯泰因女士一听就恭喜他,可海明威却气呼呼地顶了回去:"我还太年轻,不该做父亲!"

斯泰因和她的秘书托克拉丝劝了海明威整整一个小时,才使他的情绪安定下来,并且他们还亲自送他回家。她们要他相信,一切都会顺利解决的。

解决办法显而易见。海明威夫妇返回美国,在那里生了他的长子约翰。但是仅仅5个月之后,他就又回到了巴黎。

对于海明威的重新回来,他在巴黎的朋友们无不欢迎。尤其是他还带来了一个可爱的孩子,这更加让朋友们惊喜。

小约翰长得十分可爱,也很讨人喜欢。

斯泰因和托克拉丝这两个老处女围着孩子团团转,忙得不亦乐乎。她们给婴孩做了一把镶有绣花边的小椅子,编织毛衣,还提出一些外行的建议。

到圣公会教堂洗礼时，斯泰因女士和一个上年纪的英国退伍军人分别做了孩子的教母和教父。

但是小家伙哭起来嗓门大得吓人。

有了家庭、有了孩子以后的海明威面临着养家糊口的巨大生活压力，但是他充满信心。他相信自己总有一天能够取得辉煌的成功，而那个时候，世人也必将为他所震撼！

夫妻感情的破裂

用少年成名来形容海明威一点都不过分。在所有的天才作家和艺术家中,海明威在25岁以前就达到了人生的一个巅峰,这在世界文学史上都是一个相当高的纪录。

海明威带着怀孕在身的妻子回到了美国,妻子为他生下了一个可爱的宝宝。海明威虽然觉得这个孩子来得太早了一些,但是当孩子真正降临到这个世界上的时候,他还是和世界上所有的父亲一样,对这个孩子充满了父爱。

海明威原本计划和妻子到多伦多工作,因为他为之服务的《多伦多明星日报》总部是在多伦多。

恰好在这个时候报社编辑部改组,海明威的好友克兰斯顿被调离到其他岗位,新组成的编辑部把海明威看做一个在欧洲尽情作乐之后回国的普通记者。

新编辑部规定,所有投稿的文章必须符合《多伦多明星日报》的加拿大标准,必须适合他们的版面安排。海明威必须充分迎合这种口味,不得有所创造。

《多伦多明星日报》采用了海明威的几篇关于水灾、地震以及

"白菜和国王"的描述文章，但是拒不刊用克列孟梭访问记，这就像一根毒刺一样使他怨愤。继之而来的打击是，海明威交出的一位匈牙利外交官提供的揭露纳粹和法西斯主义的原始文件竟被随意付之一炬。

《多伦多明星日报》这种近乎是歧视的待遇让海明威忍无可忍，他带着还不满5个月的孩子和妻子一同回到了巴黎。海明威发誓要忘掉一切，全力写作他那部构思成熟的长篇小说。为此，他背水一战，把记者工作也辞掉了。

在极度恶劣的条件下，海明威艰苦写作，他相信，自己一定能够成功："写作在我看来就是建筑，不是室内装饰，巴洛克式的建筑已经过时，我要震撼全球。"

理想是美好的，现实是残酷的，这是一段相当艰苦的日子。海明威一家在巴黎圣母院路一家很嘈杂的锯木厂楼上租了一个套间。

他们住的公寓在一个堆满木材的大杂院内，简陋得令人难以置信，没有自来水，没有煤气，没有电灯，甚至没有床。

哈德莉把一床褥垫铺在地板上当床，房间在二层，要经过摇摇晃晃的楼梯才能爬上去。环境相当龌龊，来访的朋友都感到震惊。

海明威有一个嗷嗷待哺的幼儿，有一个安于贫困的妻子，他的打字机上常常没有新的色带，短短的铅笔头得用钝刀削尖。

海明威在经受越来越大的挫折。小说稿件是他最喜爱的，也是他的头脑、心灵和细心修改的产物，可就是卖不出去。

如果海明威已经算得上有名的话，那他也是以其报刊文章著称的，但他认为这种文章几乎人人会写。

尤其伤害海明威自豪感的是，编辑们退回他的稿件时，不屑称之为小说。退稿信提到稿件时总是称为"速写录"、"短文"，最糟的还有说是"逸事"的。

海明威在回忆起这段往事的时候这样说:"人家不要我的小说,我们靠吃韭菜、喝薄酒和开水过日子。"

海明威没有钱,还要肩担一家的生活。尽管如此,他充分认识到了以获利为目的的危险性,所以他在金钱面前能丝毫不动心,仍保持他艺术的完整性。

海明威写信告诉父亲说:"对我来说,在平静安定中写作比陷入金钱陷阱重要得多,这个陷阱已经毁灭了许多美国作家。我要尽力去创作,一点也不考虑销路问题,也从不考虑它会给我带来什么,甚至也不想它能否发表。"

和大多数作家一样,海明威发现写作是一个非常困难和殚精竭虑的过程,也是对作家能力的挑战,是纵然终身以求也难以达到尽善尽美的挑战。

海明威认为写作无法言传身授,只有长时间艰苦地探索实践才能学会。但是在越来越窘迫的生活条件下,海明威不得不屈服于生活。

海明威找到了他在巴黎的一个朋友庞德,通过庞德的关系,海明威认识了《大西洋评论》的老板福特。这个刊物很难说得上兴隆,但确有雄心,一个肮脏的小小编辑部就设在昂角码头一个印刷厂的楼上。

也许好运就是从海明威认识福特的那一刻开始的,海明威是他们的第一流作者,《大西洋评论》开始刊登他的小说,并且授予海明威助理编辑和"物色人才"之职。

接着,海明威的几个短篇小说被几家法国杂志接受了。然后德国最大的出版社乌什丹公司发表了他的几篇特写,另有一个短篇小说《斗牛》发表在《丰收》杂志上。

这个美国的短篇小说家在国外得到了承认,编辑和出版商开始对他刮目相看。美国的编辑先生们为之咋舌，他们再也不能对他置之不理了。《大西洋月刊》率先买下了海明威的《五万美元》。

这篇小说寓深刻的意义于讽刺之中。主人公杰克·布伦南是个拳击家，他同几个赌徒打赌，甘愿出卖自己的头衔和前程，把拳击打输，以便换取最后一笔财富。

谁知他上了那伙赌徒的大当，因为对方是以犯规手段一拳打在他的腰带下面，将他击倒的。他在剧烈痛苦之中仍然不肯承认他是被犯规的一拳打倒的。

报复时，他用显而易见而又十分恶劣的犯规手段猛击他的对手。这么一来，他当然输了这场拳击，但赢了赌金。

《五万美元》说明了海明威的论点："扒手和妓女中间也都各有道义，只是道义的标准有所不同罢了。"

海明威的名字在美国开始广泛地为人知晓。有些批评家承认他的风格纯正，表达主题思想直截了当。他的作品的某些段落读起来很像诗歌而不像散文，他的许多短篇小说都反映出当时很受欢迎的"意识流"写作手法。

赫斯特系列的各种报刊表示想同他签订一份待遇优厚的合同，聘他为记者。

对于当记者的建议他连想也不想就断然拒绝了。他不愿再受报馆工作的种种限制。他的笔记本里写满了笔记和构思，他需要时间把它们变成一篇篇小说。

海明威的这个决定在家庭里引起了轩然大波，夫妻为了这件事情大吵了一架。

"这么好一份差事你怎么就推掉了？你知道我们正缺钱花。大人不要紧，你也得为孩子想想。你可以像以前那样边当记者边写小说嘛！"哈德莉知道后埋怨道。

女人唠叨起来就没个完,说得海明威心头火起。他绷着脸说了句"不干就是不干",就再也不说一句话了。

这是海明威第一次对妻子发脾气,但是有了第一次就会有第二次、第三次。

夫妻之间的裂痕产生了,扩大了,有时甚至吵得打起来,骂得哭起来,夫妻俩的关系越来越紧张。脾气暴躁的海明威夫妇的家庭生活濒于危机。

偏偏就在这个时候,海明威又传出来了一件桃色绯闻,给原本就越发紧张的海明威夫妻关系彻底画上了句号。

当时有个搞雕刻的女人叫爱丽丝,她长得并不美,身材苗条,弱不禁风。海明威觉得,这个女人活像烟卷上袅袅升起的一缕青烟。

不过爱丽丝却懂得如何讨得男人们的欢心,在海明威面前不多言不多语,自有一种优雅文静之感。这正是海明威在家里发过脾气之后所需要的镇静剂。

海明威在家里总是要面对着妻子那种冷冰冰的脸,和爱丽丝一对比,海明威的心也就活跃了起来。

两人日久生情,不久之后就越过了雷池。然而当爱丽丝看到海明威赤裸的胸膛上满是枪眼的时候,顿时发出一阵尖叫:"你滚,滚出去,别再让我看见你。"

海明威不明所以,他用力抓住爱丽丝的肩膀,问道:"怎么回事?你这是怎么了?"

"你丑,你身上都是疤痕。离我远点儿,你这个丑八怪。"

海明威这件事情在有心之人的炒作之下被渲染成桃色绯闻,消息不胫而走。

至此,哈德莉伤透了心,从前那个爱她、疼她的丈夫已经消失了,现在的海明威再也不是从前她所爱的至宝了,伤心愤怒之下,她带着儿子回到了美国。

没有人知道，当时哈德莉穷得连补鞋的钱都没有，她穿的衣服不仅破旧，而且样式早已经过时。但是海明威不管有钱没钱都不给哈德莉添置衣服。

而海明威有了孩子之后仍然醉心于写作，让哈德莉看不到抚养孩子的前景，夫妻的感情极度恶化。直到海明威闹出桃色绯闻，夫妻的关系彻底破裂。

海明威与哈德莉的夫妻关系至此画上了句号。1927年1月，他们正式办理了离婚手续，一段感情至此落下帷幕。

第一本长篇小说出版

妻子带着孩子离开了,这件事情对于海明威来说是一个不小的打击。他是一个骄傲的人,他可以牺牲感情,但是割舍不下自己的创作。

海明威一直相信,只要自己努力,只要他继续坚持创作下去,成功的果实很快就能摘到手中。

妻子离开之后,海明威在贫民区租了一间小阁楼,继续他艰苦的创作生活。

海明威的房间摆设十分简单,里面只有一张破旧的床,一把陈旧的椅子,两张桌子,一张桌子上面摆满了文稿,看得出来是他工作的地方;还有一张桌子放着脸盆和大水罐。

海明威就是在这样一种艰苦的环境下继续写作的。也许在局外人的想象中常常带有一种浪漫的色彩和吸引力,但是实际参与其中才能真正体会个中滋味。

难忍的饥饿,退稿的折磨。海明威咆哮起来,大骂编辑太愚蠢,出版商太混账。但他勒紧裤带继续写作,一天只吃5个法国铜币的炸土豆作为午餐,极为特殊的场合才喝一点酒。

海明威顽固地用他的头去撞击那铜墙铁壁。他认定了的路要一走到底。他一定要按照自己见到的和认识的人来刻画人物。谁要想让他在风格上让步，那是绝对办不到的。

海明威博取众家之长，逐渐创新文体风格。他的短篇小说自成一家，风格独具，既不是欧·亨利式的，也有别于莫泊桑和契诃夫的写法。

海明威删去小说中一切可有可无的东西，达到最大限度的含蓄和简练。按照他创作的"冰山"原则，他只露出八分之一，其他让读者自行揣摩、体会。

海明威在咖啡馆、旅店的小房间里和自己的公寓中伏案写作，为了写好一小段，海明威经常花去一早晨的时间。

海明威的美学建立在两个基本原则上：

第一，小说必须忠于现实，但要运用作家的想象力和创造力加以提炼和改造，直至它比单纯事件更真实可信。

海明威一向认为知识渊博的作家都是从现实出发，最后创作出比实际阅历更引人入胜的作品。

第二，小说必须简洁、精练，从而达到强化效果。

海明威认为可以把作者取舍素材的能力作为评价小说优劣的标准。

虽然海明威精彩地发挥了他的写作技巧，按冰山的创作原则进行删节，但他有时删得太多，以致把创作原意淹没在大块冰山中。

海明威文体风格的特征是明快生动，注重每个单词的作用，着重对话体而不注重记述体。

海明威的写作技巧与他的风格相媲美，他自己也对那种淳朴的表现手法感到自豪。他的散文精练、朴实无华，是20世纪初期最有影响的散文。

当时，有"意识流鼻祖"之称的爱尔兰作家詹姆斯·乔伊斯正在巴黎进行他的意识流实验。他的作品《尤利西斯》和《为芬尼根守灵》很有意思，也很难理解。

在乔伊斯的影响下，一些学者就开始写起了导读的书，紧接着，另一些学者又写起指导读者读这些导读的书的文章。

斯泰因的诗也属于意识流的实验品。有人认为，这女人不是天才就是骗子。

如果你说你喜欢她的诗，那么无论你用什么样的语言来为自己辩护都没有错；但是，如果你说不喜欢，那你就会被打上无可救药的无耻之徒的烙印。

海明威无意震惊读者，而只是在人们常说下流话的时间和地点使用了下流话，在常会发生两性关系的场合描写了两性的关系，并用语言绘制出有声有色有味的图画。

海明威的味蕾是靠喝酒而变得敏感的，但他从不吸烟。定下这条戒律，是因为他需要保持他那敏锐的嗅觉。

海明威觉得跟那些冒牌的艺术家们往来十分危险。因为在那个圈子里，你可以喝酒喝得醉死，可以乱搞女人，可以喝咖啡闲聊浪费时间，也可以因为吃得过饱和空谈过多而变成懒汉。

他跟那些冒牌艺术家断绝了来往，遍访了巴黎的法国出版商。

就在他穷困潦倒的时候，司各特·菲兹吉拉德和舍伍德·安德森这两位朋友把海明威从穷困潦倒中救了出来。

菲兹吉拉德当时已经同查理·斯克里布纳合作写完了第五本畅销书，他写信给纽约办事处，热情称颂这位"很有潜力的"新作家，想拉他进入这个班子。不约而同，安德森也给他的两个出版商博奈和利夫莱特写了类似的信。

利夫莱特最先提出签订合同，预付200美元，附带条件是对于海明威今后3部著作的出版有优先权。利夫莱特公司出版了海明威的短篇小说集《我们的时代》。其中的第一篇《印第安人营地》，写的是一连两天听着妻子在临产时惨叫的一个印第安人，他最后割断了自己的喉咙。一位评论家写得好："在海明威笔下，一个人受不了外界事物时往往以自刎了结。"

《我们的时代》出版后受到许多著名作家的好评。埃德蒙·威尔逊发现海明威是一个不可多得的人才，并协助他树立了真正的文学威望。

威尔逊说："他的散文是第一流的。"并把他与安德森·斯泰因相提并论，认为海明威笔下人物所用的语言不避俚俗，能真实准确地表达人物的深沉感情和复杂的心理状态。

艾伦·泰勒、斯科特·菲茨杰拉德以及劳伦斯等作家也认为这是一部颇为惊人、独具特色的好作品。这些名家都对海明威早期作品作了扼要的评介。

评价均集中在海明威不同寻常的风格、文风、技巧与道德标准上，并把他当成文学界一支很重要的新生力量。

紧接着《我们的时代》之后，斯克里布纳出版公司出版海明威的第一本长篇小说《太阳照样升起》。这本书一出版就进入畅销书行列，海明威也因此成为众人瞩目的作家。

《太阳照样升起》故事情节简单得惊人。美国记者杰克·巴恩斯爱上了英国护士布莱特·阿什丽。战争中的一次"事故"剥夺了巴恩斯的性功能，致使他们的爱情变得残缺不全。

阿什丽人长得很美，有教养，有才智，也很倾心巴恩斯。这女人满脑子都是爱情，却又并不真正懂得爱情的含义是要忠诚于自己的伴侣，要维护好婚姻的稳定。她只享受婚姻带来的快乐却不想承担婚姻的责任。

她在巴恩斯那儿得不到满足，便去找别的男人鬼混，和他们在巴黎的咖啡馆里胡作非为、酗酒调情。由此又引出了其他一些人物。他们以赛车似的速度出出进进，他们在践踏爱情的尊严。

他们都是战后被生活的激流冲击出来的年轻人。他们流落异乡，浪迹欧洲大陆，整日里聚饮、钓鱼、看斗牛，或者在三角关系中争吵斗殴。他们处于一片精神的荒漠之中，感觉到巨大的空虚和迷惘。

《太阳照样升起》成了20世纪20年代那一代人的典范之作。海明威恰如其分地把斯泰因的那句话"你们都是迷惘的一代"作为扉页题词，道出了这本书的实质，从而使它和它的作者一道被视为"迷惘的一代"的代表。

"迷惘的一代"指的是那些迷失方向，到处游荡，终日酗酒，学跳查尔斯顿舞和效法达达派的人……也就是熬过了一次战争，不料若干年后又卷入第二次战争的那一代人。他们在战争的影响下成为迷茫的一代，他们因为面对战争的残酷而变得无所畏惧。他们喜欢挥霍自己的青春岁月，他们不知道自己将会为此付出什么样的代价。他们觉得在有限的生命里需要体验更多的生活。

这是海明威发表的第一部长篇小说，传播到全世界，译成许多许多种文字。

这一年，海明威30岁，他忍受住了创作的枯燥和寂寞，终于迎来属于他的辉煌成就。在人生而立之年，他站在了世界文学的巅峰！

品尝成功的芳香

海明威成功了，但他是一个孤独的成功者。他精力旺盛，年纪又轻。但是哈德莉走了以后留下一连串问题。他们的离婚手续直至1927年才办好，正在成长的男孩约翰失去了父亲。

海明威的成名作《太阳照样升起》畅销世界，大家认为他的讽刺笔法比得上马克·吐温；他的明快风格比得上辛克莱·刘易斯；他的强劲有力比得上厄普顿·辛克莱；他的生动活泼比得上沃尔特·惠特曼，他写死亡主题的手法比得上爱伦坡。

海明威的书在市场上获得了一致好评，但是在家乡，在他的双亲那里，他却遭到了强烈的反对。

早在1923年，海明威的第一本小集子《三个短篇小说和十首诗》在法国出版。橡树园图书馆骄傲地订购了3册并上架出借，这一下子就惹起了轩然大波。

安分守己的老派居民全都吓坏了。那算什么语言，而且海明威写的东西都是想都不该想的，更别说印出来永久流传了。假使这孩子犯强奸罪被绞死在乡村花园里，他家那些朋友也不会像现在这样瞒住他那悲伤的母亲并且暗暗替她焦急。

家乡的来信严厉地规劝他,但海明威全当耳旁风。

"我一直被认为是个坏孩子",海明威说,"甚至是个不孝子。从16岁开始,我就力图在许多方面做冠军。写作是我自己选定的归宿。从少年时代起,我就在这方面常得冠军。那时候橡树园那些批评家当然辱骂不倒我。"

而现在,海明威的畅销书《太阳照样升起》在芝加哥热卖的时候,他的父母却万分焦虑,对这本书大加批判。

过分拘谨、依从习俗的埃德医生坚持说,他宁可看到海明威死去,也不愿见到儿子写这种污秽的作品。

父亲写信劝儿子说:"你把世界描写得兽欲横流。去发掘那些欢欣的、催人上进的、乐观而高尚的主题吧!"

当海明威的畅销书《太阳照样升起》高高摆在书架上的时候,父亲满怀忧伤地惊叫道:"海明威又写了一部龌龊的小说。"

相比于海明威的父亲,他的母亲对此更加恐惧,她宁愿自己的儿子进坟墓,也不愿意他写这些玷污清教徒家庭的事情。

早在很早以前,母亲就对这个思想叛逆的儿子忧心忡忡,甚至在海明威还只是在校刊上发表文章的时候就对他说:"你写的一切令人毛骨悚然。"

当母亲看到《太阳照样升起》的时候,她彻底地歇斯底里了。母亲写信谴责海明威说:"这是当年度最污秽的小说之一。"

而最让父母感到震惊和难堪的事情是,儿子在写作的时候有个不良的习惯,为了更好、更真实地描写出他熟悉的人和事,他总是习惯性地把身边的朋友甚至师长都写到他的诽谤性小说中。

在《在密执安州的日子里》这本书中,海明威用他青少年时期的几个朋友和师长的姓名组合在一起,拼凑成了他小说中一个肉欲恋者的名字，这其中就包括海明威的初恋情人和橡树园中一位知名人士。

当他们看到这本书的时候，怒气冲冲地质问埃德夫妇，到底是什么地方得罪了他们的宝贝儿子，要这样中伤诋毁他们的名誉。

埃德夫妇对此无言以对。儿子的离经叛道已经达到了一种令人发指的程度，母亲更是伤心欲绝，她始终不明白为什么在橡树园这样良好的环境中成长起来的孩子会写出这些"从阴沟里捡来的脏字和龌龊思想"。

不仅仅是他的父母，海明威身边的朋友对此也是愤愤不已，与之绝交者不在少数。

在海明威的成名作《太阳高高升起》中，所有的主角甚至于配角都能够在海明威的生活中找到缩影，而其中最令人恶心的角色罗伯特·科恩，他的原形竟然就是海明威的一个老朋友哈罗德·洛布。

洛布比海明威成名早。在海明威还默默无闻时，他已经卖出了他的第一部长篇小说稿。但他并没有歧视当时尚无名气的海明威。

他们曾一道坐在巴黎的一家小咖啡馆里探讨写作技巧，还一起去西班牙参加潘普罗纳斗牛节，他们的友情深厚。

洛布曾经有过一个女友，但那是一个水性杨花的女人，和他好了一阵又和海明威的另一个朋友混在一起。洛布曾经找上门去，不但没能挽回失去的爱情，还差点儿和当时在场的海明威干起架来。

"我真是个傻瓜"，洛布耸耸肩对海明威说，"还要去追求那个已经不爱我了的女人，还差点儿为此和你吵翻了。真对不起。"

海明威当时只是淡淡一笑，并没说什么。但是多年以后当他动笔写《太阳照样升起》的时候，这件事情反倒成为海明威创作的灵感。他把这个人写进了他的小说，塑造成罗伯特·科恩这个形象。

这个人物最后一次在书中出现时正在旅馆房间里独自哭泣，因为他为了女人打了他唯一的朋友。那个女人不要他了。

洛布一看这部小说就知道书中的科恩就是他。他觉得自己遭到不公正的描绘，一气之下便和海明威断了交。

有了这样一次友情绝交的先例，海明威还不知道吸取教训，他依旧固执地坚持着自己那一套再现真实人和事的做法。在《太阳照样升起》热卖之后，海明威又针对美国和巴黎的文学界写了一篇讽刺小说《春天的激流》。

海明威写《春天的激流》的动机很简单，他的《在我们的时代里》出版后，许多评论家都提及安德森对他的影响，说"与安德森很相似，只是不如安德森写得好"。

海明威最恨这种论调，他想摆脱安德森的影响，而且为了区别于舍伍德的近作《浑噩的笑》而写出《春天的激流》。

利夫莱特退回了这部稿子。因为海明威在这篇文章里嘲笑了包括自己朋友在内的一批美国文学界人士。海明威拿格特鲁德·斯泰因开玩笑，暗暗讽刺舍伍德·安德森，对于伟大的门肯也很失敬。

这个冲动的小子！你总不该咬那只喂你吃的手。海明威是个蠢人，他那一本精装书竟给他鼓起了这么大的冲劲！

那部稿子送给了斯克里布纳出版社的马克斯威尔·帕金斯，他接受了。《春天的激流》猛烈抨击了文学界，这正像旧时的保密杂志抨击好莱坞和温恩一样有力，犹如黄蜂刺得人疼痛一样。

斯泰因一改往日的温良，勃然大怒，骂海明威是个恩将仇报的可笑而无能，妒忌她的成功，而且不敢对付另一派文人的人。

斯泰因称海明威为胆小鬼，说他"活像马克·吐温描写的密西西比河中平底船上的水手"。

博奈和利夫莱特说海明威在传播丑闻，是个阴险的作家，因为他故意写了一本违反他们准则的书，其目的就是叫他们退稿，然后让那个较大的斯克里布纳出版社接受出版。

　　舍伍德·安德森的名字也不可避免地受到牵连。这个当初把海明威推荐给博奈和利夫莱特的人物，现在也淹没在《春天的激流》之中。舍伍德这个人毕竟很有涵养，始终保持自己的尊严，没有与他对击，对海明威仍然以礼相待。舍伍德和海明威之间的关系从此蒙上了一层薄荷饮料的薄霜，他疏远了海明威。在晚年，海明威反思了自己这次幼稚的攻击。

返回美国定居

　　海明威在事业上获得了巨大的成功，他写的书《太阳照样升起》成为当年度最畅销小说，而他凭借这本书一举成为知名作家。

　　但是，海明威又是孤独的。为了更好、更真实地反映现实世界，他总是不惜得罪朋友和师长，将他们的影子融入到小说中，导致和他们的关系都紧张。

　　更重要的，海明威的原配妻子离开了他，他们已经离婚，哈德莉带着孩子约翰独自在美国生活。没有人能够和海明威一起分享这种饱受挫折与艰苦之后才迎来的巨大胜利。

　　海明威是孤独的成功者，他迫切需要一个宣泄口。他孤身一人，又精力旺盛。他去参加赛车，他去彻夜狂饮。他是体育馆里的常客，那里随时都有朋友一起打拳。

　　海明威曾经和法国的重量级拳击冠军查理斯·卡彭蒂埃在那里切磋过，并因此促进了对方拳技增长。他还去剧院看戏，去西班牙看斗牛。他那旺盛的精力总要找地方发泄。

　　而就在这个时候，一个女孩进入了海明威的视野，她叫波林·法伊芙，是《时装》杂志的一位作者。

波林根本谈不上美，但像哈德莉一样很聪慧，人也和气，而且出身于有文化素养的家庭。

放荡不羁的海明威可以同出没于黑暗角落里的女人一起睡觉，但是一谈到正式结婚，他那良好的基本教养和家庭背景便又促使他只挑选良家妇女。

一天，波林奉派前去请海明威写稿。她要同他接近的意图可以觉察得到，但也并不十分钟情。是的，她读过他的著作，而且十分喜爱其中的某些章节。

"某些章节？"海明威有几分沮丧地问道。

"是的，"她回答，"我喜欢你那些直截了当、句句中肯的段落。我喜欢你那些言简意赅耐人寻味的段落。当你讲得太过分的时候，我就希望你收敛。"

坦率的女人是很难遇到的。何况她又很有洞察力，语言也这么犀利，海明威一下子就被迷住了。

波林对海明威的生活深感兴趣。她定制了几顶当时美国已经时兴的斗牛士小帽。她促进了西班牙式样对服装的影响，这也就是间接地表示尊重海明威对于这个国家的感情。

1927年5月，海明威与波林的感情已经成熟，他再度踏上了婚姻的殿堂，同时跟随波林改信天主教。

当海明威的离婚丑闻传到橡树园的时候，他的父母十分担忧，儿子失去了哈德莉在道德方面的约束，无疑将在怂恿他恶习的天主教徒中越陷越深。

1928年3月，海明威携波林返回美国，以便为第二个儿子帕特里克的出生做好安排。他们定居在佛罗里达州的基韦斯特，这是美国最南边的一个小镇。

他在这里买了一座很大的老式木屋。那房子怡然自得地坐落在树林中，4月将满是梧桐树和黄蝴蝶树，风景十分优美。就因为这，有的传记作家夸大其词，说他在基韦斯特的这座住宅像皇宫一样富丽堂皇。

海明威的这次返美之旅是一段不愉快的经历。他的妻子波林怀孕期间健康状况不佳，儿子快要出生时差点儿一失两命，最后靠剖腹分娩救了命。

1928年，父亲埃德因为自身健康问题和债务问题，一时之间想不开，用海明威的祖父从部队带回来的手枪自杀身死。

这件事情对于一直都很眷恋父亲的海明威来说，简直是晴天霹雳。就在这之前，海明威还给父亲邮去了一封信，说他完全可以解决经济问题，让父亲不用担心。

可惜的是，这封信在埃德自杀20多分钟后才送到家里。海明威对自己没有及时帮助父亲而深感内疚，对在父亲去世之后他还要资助母亲感到十分恼火。

十分眷念父亲的海明威要为父亲的自杀找一个借口，就如同他为自己所强加的所有理由一样，海明威追溯往事时，修改了自己童年的历史。

在基韦斯特的这座大木屋里，在儿子出世以及父亲自杀的痛苦中，海明威的又一部作品酝酿成熟了。

海明威不停地写，一个劲儿地写，感情过于激动了就去捕鱼，捕累了和衣一躺，随船漂泊，醒来以后再去捕鱼，脑子冷却下来再继续写。

6个星期他就完成了初稿，然后再慢慢润色加工。写这本书的时候，距离海明威在第一次世界大战受伤已经10年了。

海明威的第一部长篇小说《太阳照样升起》，描绘的是战后的一个没有优点可言的时期。但是这本书却主要是自传性作品，描绘的故事活生生脱胎于他在第一次世界大战时期的那段故事。海明威为它取名为《永别了，武器》。

写这本书的时候，海明威身上的伤疤已经由紫变白，战争的遗患已经消失净尽。

他可以冷静地写那个意大利士兵，写那个贞淑的修女的一双紫色眼睛。中尉弗雷德里克·亨利和护士凯瑟琳·芭克丽是书中的两个年轻人，他们被卷入地狱般的战争旋涡之中，卷入残酷无情的深渊。

两人的爱情是在一所野战医院里开始的，年轻的中尉也就是在那里才得以起死回生，再次学会走路。海明威作品中的女主人公凯瑟琳在分娩时死去。

写《永别了，武器》之前，海明威曾说："我读了所有伟大的战争小说。托尔斯泰、屠格涅夫、雷马克，我怎么能跟他们相比呢？谁也不会设想我可能同托尔斯泰先生并驾齐驱，除非我发疯了，或者说我只是精益求精而已。"

今天，托尔斯泰的《战争与和平》和海明威的《永别了，武器》，都已成为经典著作。他们的共同点不是谴责参加战争的人，而是战争的种种罪恶和愚蠢。因为很多参加战争的人是被迫的。他们是为了自己的国家、民族，不得不作出牺牲。而战争本身确是充满了血腥和罪恶。人类的任何一场战争都是如此，从来就没有胜利的一方。那些表面上看起来是战胜的一方，其实他们失去的是良心的拷问。因为每一个生命的存在都是上天赋予的，任何人都不能轻易伤害他们。

战争本身毫无目的，也毫无意义。死亡是生活的一部分，自杀是随时可以采取的行动。战争一开始，谁也休想逃脱。牺牲只在不用牺牲的人眼里是高尚的。

战争是罪恶的，它不光荣，更没有神圣和荣誉可言；在它的身上，只有暗中痛苦的号叫、无数家庭的支离破碎。

1929年，《永别了，武器》出版，3个月内狂销售10余万册，再次荣登当年度最畅销图书。海明威的名字已经家喻户晓。身经第一次世界大战的一代人，都要从这本书里看一看他们的经历，他们的下一辈也都要看一看父辈的经历。

不仅仅是在图书市场上获得巨大的成功，这本书的影视版权同样受到重视。

电影业巨头大卫·塞尔尼兹克见了这本书如获至宝。他按捺不住心头的喜悦，说："这本书具有一切吸引人的条件：有宏伟的场面，有爱情故事，有男性魅力，有戏剧情节，也有拍摄精彩背景的机会。"

为此，好莱坞为购买拍片权付出了400万美元的天价，创下了当时最高的图书影视版权价格。

塞尔尼兹克请来了当时美国最当红的明星扮演男女主角，又找来他最信任的编剧对小说进行影视改编，反复修改，仍然觉得不满意。最后，影片拍摄小组干脆亲自去找海明威，征询他的意见。海明威与这些影视工作者之间建立了良好的友谊。

在几方面共同的努力下，这部小说终于被搬上了荧幕，成为当年度最火暴的电影之一。

从1928年至1938年的这10年间，海明威夫妇一直住在佛罗里达州基韦斯特市自己的寓所里，3年后又一个儿子格雷戈里在那里出生。

喜欢西班牙斗牛赛

从小就跟随父亲狩猎的海明威果敢、勇猛，擅长打猎；同样的，对于斗牛，海明威一直深深地热衷。

海明威第一次看到斗牛比赛还是在与他的第一任妻子哈德莉前往欧洲定居的时候。当时轮船中途在西班牙停歇，海明威得以观看到一场精彩的斗牛赛，从此以后海明威就迷上了斗牛赛。

西班牙的斗牛历史可追溯到2000多年前，他们先是以野牛为猎获的对象，而后拿它做游戏，进而将它投入战争。

18世纪以前，斗牛基本是显示勇士杀牛的彪悍勇猛。1743年，马德里兴建了第一个永久性的斗牛场，斗牛活动逐渐演变成一项民族娱乐性的体育活动。

当发疯的猛牛低头用锋利的牛角向斗牛士冲来，斗牛士不慌不忙双手提着斗篷做一个优美的躲闪动作，猛牛的利角擦着斗牛士的衣角而过。这生死之际的优美一闪，让全场的观众如痴如醉。

一场斗牛由3个斗牛士出场，角斗6头公牛，每人两个回合。在西班牙，所有的斗牛表演都安排在下午举行。西班牙人惯有懒散拖沓的习惯，较不准时，唯一准时的事情就是观看斗牛比赛。

另外，斗牛时必须阳光普照，鉴于西班牙多数地方的温带大陆性气候，部分地区的地中海式气候条件，所以只能在每年的3月至11月之间进行斗牛比赛。

这3位斗牛士各有一套助手班子，包括3个花镖手和两个骑马的长矛手。

观众对每场决战都很难预料其结果，因为它取决于诸多因素，如斗牛士的胆略和技巧；但也取决于出场的公牛，一些由著名牧场培养的凶猛公牛直接威胁着斗牛士的胜利，甚至生命。

其实对于斗牛而言，牛和斗牛士同样重要，因为它的受训练程度和凶猛性关系到斗牛士的吉凶。历史上再出名的斗牛士都不免战死沙场，难逃被牛挑死的命运。

整个表演以斗牛士入场拉开序幕，两位前导一律16世纪装束，骑着马首先上场。他们径直向主席就座看台跑去，请求他赐给牛栏的钥匙。此时全场异常安静，观众静待这神圣又庄严的场面。

尔后，乐队奏起了嘹亮的斗牛士进行曲，乐曲声中3位斗牛士各自率自己的一班人马分三列同时上场。绸制的斗牛士服在阳光下闪闪发光，十分耀眼。

他们摆着特有的姿势绕场一周，随后来到主席面前向他鞠躬致意。斗牛士退场后，主席反手一挥，号角吹响，也就是告示牛栏大门敞开。牛飞奔而出，即斗牛开始。以上的开始序曲部分各地有所不同，但都大同小异。

整个斗牛过程包括引逗、长矛穿刺、上花镖及正式斗杀4个部分。

引逗是整个表演的开锣戏。由此牛野性始发，所以由3个斗牛士助手负责引逗其全场飞奔，消耗其最初的锐气。几个回合过去，骑马带甲的长矛手出场，他们用长矛头刺扎牛背颈部，使其血管刺破，从而放血，同时为主斗牛士开一个下剑的通道。

所骑之马都用护甲裹住，双眼蒙上以防胆怯。受刺后的公牛，会越发凶暴猛烈，因此长矛手稍不留神被掀翻刺伤也屡见不鲜。因此需要由3位助手上前引开公牛，也利长矛手退场。

长矛手完成任务后，由花镖手徒步上场，手执一对木杆，饰以花色羽毛或纸，前端带有金属利钩的花镖，孤身一人站立场中，并引逗公牛向自己发起冲击。

花镖手待公牛冲上来，便迅捷将花镖刺入其背颈部；如果刺中，利钩会扎在牛颈背上，也起放血作用。由于做出瞄准、前冲、刺入的时间很短，而且需判断牛的冲势，因此需要花镖手动作干净利落。

但也时常有人只能刺入一镖，或两镖皆不中，即会招来满场嘘声。但如果花镖手一次双镖均插不中，可以允许其再补刺一次；但再失手，即不会再有这样的机会，这也会增加主斗牛士难度。

最后手持利剑和红布的主斗牛士上场，开始表演一些显示功力的引逗及闪躲动作。如胸部闪躲，即让牛直线冲向自身时，腿一侧滑，牛贴身冲过；另外还有如"贝罗尼卡"，即是以红布甩向牛的面部，以激怒引逗公牛。

"贝罗尼卡"原是耶稣受难时为其拂面的圣女之名，因其动作的相似性，所以命名。其他还有斗牛士原地不动，引逗着牛围着其身体打转的环体闪躲等。

在最后阶段，也即最后刺杀阶段，也是斗牛的高潮。斗牛士以一把带弯头利剑瞄准牛的颈部，尔后既引逗牛向其冲来，自己也迎牛而上，冲上前把剑刺向牛的心脏。于是，牛会在很短的时间内应声倒地。

刺杀是最富有技巧的，斗牛士须将剑与眼睛齐平，踮脚，手水平下压，发力；剑入牛身后必须抖腕使剑稍微左弯，以冲破心脏主心室，这要求很高的速度、力量和准确性。

刺杀动作分为三种。第一种是人不动而牛冲过来，这时斗牛士在瞄准阶段等都是静态的，有利于准备、瞄准和判断。

第二种是人动而牛不动，即在牛处在观望的时间内，斗牛士向前冲，边冲边瞄准，直至剑入牛身，这时牛也是发力向前顶，借力刺得更深。

第三种是人动牛也动，这是最难把握和最高境界的刺杀动作。即斗牛士冲向牛，逗着牛也从一定距离冲向人，斗牛士在运动中判断运动中的牛的部位并准确下手。这是极其复杂和难掌握的，但如果运用得好，则牛的死亡时间最短，漂亮的甚至可能应声倒地。

如果牛被刺后，已失斗性，但由于剑刺得不够深或牛足够强壮，会暂时还不倒地而死。这时，斗牛士或其助手会以十字剑或短剑匕首刺中牛的中枢神经部位，牛会立即倒地而死。

这时装束着花饰的骡子车即会出场将牛拖走，斗牛士会接受观众的欢呼致意；也可将帽子抛向观众，也接受观众的欢呼、掌声和投来的鲜花。斗牛士按刺杀水平的由低至高，分别享有保留牛耳、保留牛尾、被从正门抬出的荣誉。

身体强健、精力旺盛的海明威非常热衷于斗牛，甚至他自己也亲自参加过斗牛。他在潘普洛纳斗过牛，但勇敢有余，灵活不足。他在这一行的经历很短暂，而且是以受伤告终的。

"那头混蛋公牛是钢骨水泥做成的。"海明威这样说。因为他根本没有办法像其他斗牛士一样用长矛或者利剑刺穿那极其坚硬的牛皮。他虽然勇敢过人，虽然敢于冲上去，但是因为身体笨重，很难刺中迅速奔跑的公牛。

海明威在斗牛场上的那副模样与其说是一个灵活的斗牛士，不如说是一部推土机。他的嗜酒使他的体重增加，呼吸急促。他比牛还要笨重，他跑来跑去累得浑身是汗，忙活半天却根本不是牛的对手。

但是海明威总算有了感觉上的体验，看到了一吨重的黑公牛猛扑下来的凶相，看到了滴出黏液的牛嘴和鼻孔以及野蛮地用蹄子扒沙的情景，也听到了牛受伤时的阵阵叫声。

斗牛迷钦佩之至，也就在这个时候，又一部作品在海明威的头脑中酝酿完成了。

任何一个拉丁国家的人，只要星期日常常去看斗牛，只要细心观察过斗牛士的成长、风格和变化无穷的技术，都会直言不讳地说，美国人不应该试图写斗牛。

以斗牛为题材的电影给墨西哥人和西班牙人看了总是笑到肚子痛，因为错误百出，不确切，外行。这恰像让一个天生的瞎子来描绘日落景象。

海明威意识到了他的难题，所以认真对待这次写作。除了自己那次失败的斗牛经验，海明威又去观看了很多场当时西班牙著名斗牛士的斗牛赛。

"生活与斗牛差不多，不是你战胜牛，就是牛挑死你。"海明威这样说。

经过长时间的积淀，海明威的又一部力作《死于午后》出版了，这本书成了一本斗牛指南和手册。

在非洲大草原狩猎

海明威是一位闲不住的人,他向往惊险、刺激的生活,不管是在什么时候,哪里有激情,哪里就有海明威。

海明威刚刚写完《死于午后》,他的注意力又马上从西班牙转移到了非洲大草原,海明威试图在非洲进行一次畅快的狩猎之旅。

打猎,这是海明威从儿童时期就养成的习惯。在他10岁的时候,就陪同在父亲的身边,在密执安州的丛林中狩猎。

而现在,父亲早已经过世,海明威自己也成了几个孩子的父亲。海明威想要将这一好猎的家风延传下去,可惜的是他的孩子才四五岁,年纪太小。

但是海明威的心已经活跃了起来,他向往非洲的天然猎场,那里有的是猎物,或者是猎手。

猎豹、狮子、蟒蛇、野狗,这些自然界的天然猎手们在海明威的眼中无疑就是天然的猎物,海明威喜欢它们,喜欢与它们之间展开的殊死搏斗。

在基韦斯特的10年,是海明威一生中最愉快的一段日子。在这段时间中,他作为渔夫、专打猛兽的人,得到承认的作家以及基韦斯特最受尊敬的公民，日子过得非常愉快。

他们家的大木屋里经常是高朋满座，有请来的嘉宾，也有不速之客；有无神论作家，也有天主教神父；有体力衰竭的斗牛士，也有在酒馆里结识的某个朋友。

冰箱里放满了啤酒，食品间里尽是烈性威士忌。海明威随时欢迎各式各样的朋友的到来。

海明威的心很宽，他迫切地想要到非洲大草原上狩猎。他手中的猎枪已经在"呜呜"作响，他的心已经在急剧地跳动。

海明威给他的老搭档、斯克里布纳出版公司的主编帕金斯写了一封信，说明他近期要去非洲狩猎的想法。

帕金斯已经为海明威出了好几本书，对于海明威的性格，他十分了解，他也清楚作家只有在真实的环境中才能写出更加深刻的作品。

帕金斯鼓励海明威去做这次非洲之行，希望他根据此行写出一部从中可以闻到、可以尝到、可以感觉到真实的原始生活的作品。

为了表示最大诚意地支持海明威的非洲之旅，帕金斯甚至提前给海明威寄来了一笔预付稿酬。这可真是天大的信任！海明威的新书都还没有构思书写，就提前支付稿酬，可见帕金斯对于海明威的信任达到了一种什么样的程度。

海明威一行人浩浩荡荡地到了非洲大草原，领略了一番别样的异国情调。

这时正碰上大群野兽迁徙，遍地都是，起码有30000多头，有羚羊、大羚羊、红羚羊、瞪羚、豹子、猎豹、野狗，还有被称为兽中之王的狮子。

仅仅在第一个星期，他们就发现了48只狮子，还打死了4只。至于羚羊之类的野兽，他们不费吹灰之力就捕了不少，光海明威一人就打死了 35 只野狗。

　　这个旅行队里有黑皮肤的土著人做向导，还有经验丰富的白人猎手当助手，穆科拉和查德就是其中的两个。

　　以自然界的猎手作为自己的目标猎物，那肯定就是在生与死之间不断挣扎。狮子、猎豹这些可都是穷凶极恶的肉食性动物，不会眼睁睁地趴在那里等你开枪。

　　与它们为伴，在做好打死它们的同时，同样也要做好被它们反咬一口的心理准备。

　　"砰！砰！"两声枪响，海明威准确有力地开枪，一只大雄狮倒在地上死了。

　　然而还没等海明威表达出胜利的喜悦，又一只狮子威武雄壮地猛冲了过来。

　　海明威浑身直冒冷汗，心想这下完了。可是那只狮子还没有冲到眼前，伴随着几声枪响，就轰然倒地了。

　　原来是穆科拉的枪口一直对着那头黄褐色的野兽，看见它冲到海明威眼前了他才精确地开枪。

　　"嗨，伙计，你又救了我一命。"惊魂未定的海明威拍了拍穆科拉的肩膀，友善地感激道。

　　海明威受到过鳞皮犀牛的袭击。还有两头"巨大的、畸形的、古代猛兽似的、满身扁虱的"大象以雷霆万钧之势向他们扑来。一头肮脏的野牛，险些扑住海明威。

　　但是即便是充满危机，海明威还是一如既往地兴致勃勃。他不但是在边缘地带狩猎，还深入非洲大陆，直达雅伦戈罗火山以南的裂谷省和马尼亚拉湖地区。

　　海明威的这次非洲之行硕果累累。他不仅猎到了狮子、猎豹，还有许多大大小小的野兽，更为关键的是，海明威因此写出了《非洲的青山》、《乞力马扎罗山的雪》和《弗朗西斯·麦康伯短暂的幸福生活》等脍炙人口的作品。

当访客问起这段经历的时候，海明威一脸陶醉地说："我爱非洲，我喜欢那个地方。一个人在自己出生地以外的某个地方觉得很自在，就该到那个地方去。那地方有的是猎物，鸟儿多。而且我喜欢当地的人。我可以打猎和捕鱼。以后要是有机会，我肯定还会再去。"

快艇"拜勒号"

　　海明威从非洲大陆回来了,他带回来了一笔丰硕的成果。非洲大陆的异国情调,让海明威十分陶醉。

　　非洲之旅让海明威那一向渴求新经历、新刺激的意愿得到了暂时的满足,返回基韦斯特之后,他依然满怀追忆之情与思念之苦。

　　虽然海明威身在打字机旁工作,但是他的心已飞越重洋,回到那青青的群山和灰赤的原野去了。

　　不过他的归来使波林和两个孩子兴高采烈,孩子们对于异国风光问个不停,这更使他格外快活。

　　"爸爸,非洲远不远?"一个孩子问。

　　"爸爸,非洲有从这里到纽约远吗?"另一个问。

　　"非洲好玩吗?"

　　"爸爸,我看到你带回来的象牙了,大象很大吗?"

　　"有老虎吗?有狮子吗?"

　　"爸爸,我听说草原上有豹子,最厉害了,是不是真的?"

　　纯真而又好奇的孩子们的问题像连珠炮地向他射来。海明威觉得他有责任和义务满足孩子们的好奇心。

对于孩子们的疑问他一一做了回答。可以想象,当海明威神气活现地把一桩桩探险故事添油加醋地讲给孩子们听的时候,孩子们脸上的表情该有多么的惊奇。

海明威还有应尽的义务和责任,许多朋友有求于他,他也难以拒绝。出版商也急不可待地向他要新作,为了满足他的老读者,海明威还需要不停地写作。

海明威生活奔放,丰富多彩,他既划船又豪饮,既打牌又写书。现在,他又迷上了一个新宠。海明威按照他自己的要求定制了一艘快艇,带卧舱,取名"拜勒号"。

海明威十分热爱这条船,所以在后来写的《丧钟为谁而鸣》中,便给最坚强的一个人物取名为拜勒。在"拜勒号"快艇上,海明威多次参加捕鱼比赛并占鳌头。他每逢心绪不宁时便到体育馆参加拳击。

在一次仓促的蒙大拿狩猎之行中,他还获得野鸭猎手的声誉。海明威喜欢大海,因为海上自有更加有趣的事物,绚烂的色彩,有大鱼和万物的生存竞争。

作为一个丈夫,海明威的小天地变得太有限了。波林成天对他唠叨,说孩子们眼看要长大了,要多考虑他们的需要。

海明威有时亲热地拍拍女招待的屁股,波林看了很厌恶。有时一位在他家过周末的老朋友和波林吻别,他也会责怪她不该如此,波林听了又大发雷霆。

漂亮的妻子对丈夫的放荡生活感到厌倦,而这位作为丈夫的作家又因受到约束而感到窒息。波林总是要疲于接待那些不速之客和应邀而来的贵宾。其中有些生活不检点的女记者,她们总是赖着不走,和丈夫打得火热。

波林讨厌海明威那些有钱的朋友,更加厌恶那些前来借钱的穷人。家里的疯狂气氛让她窒息，即便是雇用女佣前来帮忙，女佣也会因为受不了这种氛围而辞职。

波林每天都要强装笑容地侍奉丈夫前去捕鱼，或者听他的键盘劈啪作响。但是丈夫一点都不体贴，相反，还像凶神恶煞一样专横。海明威对于他那些所谓的朋友关怀备至，但是对于波林却漠不关心，就如同对于世界上形成的各种大事也都不闻不问一样。

海明威都不曾关注到，因为他的放荡不羁和专横蛮干，他与波林之间的婚姻已经悄然产生了裂缝。"拜勒号"成了他所爱的"女人"。快艇的飘摇成了他摆脱失眠的良方妙药。

这一天，海明威又准备去下海。他在码头上遇到一个眼神柔和的小青年。海明威认识他，这青年叫乔西，生得矮小而清瘦，却十分强壮有力，是个钓鱼能手。

"海明威先生，"那青年主动上前搭话，"又出海去呀？"

"是的。"海明威说。

"我去帮你搭个手好吗？"

"行呀。"

于是，乔西上了"拜勒号"。

他们一块儿钓鱼，一块儿吃饭，一块儿睡觉。乔西像个畜牧之神，睡在海明威脚边。

他们又钓了整整一天鱼。

海明威把他捕到的3条马林鱼，还有他和乔西用木棍打死的5条鲨鱼送上岸去，然后他俩在充满鱼腥味的船舱中躺下。

"拜勒号"抛了锚，在水面上缓缓摇动，天上新月如钩。海明威醒了。没想到乔西这时已经溜过来，像蛇一样盘在他身上亲热地拥抱他。

"你这杂种，你这满身是虱的肮脏小杂种。"海明威把那个小伙子抓起来,用双手把他举过头顶,"扑通"一声抛进水里。他在裤子上擦了擦手,又回到便铺上睡觉去了。

船上另外三个人被乔西落水的响声惊醒,看他游到海岸边。他们一言不发,回到甲板上的绳索卷盘上休息去了。

从此,乔西在基韦斯特臭名昭著。谁都知道他是个同性恋者,谁都不理睬他。不过他还是鬼鬼祟祟地溜来溜去,一看见海明威,就像条可怜的癞皮狗跑过来摇尾乞怜。可是,只要海明威看见他跟在后面,就会回头一脚,把他踢翻在地。

海明威在比米尼岛附近第一次捕到一条真正的金枪鱼,一条重达140千克而不曾受伤的金枪鱼。这样的鱼被钓起来,还是第一次。

钓鱼的成功使他忘乎所以,在以钓鱼为业的人中间大夸海口。他们也承认他的本领,但不想看他那种自命不凡的神气。

为了追求刺激,海明威自摆擂台,说是比米尼岛有谁能和他打上4个回合拳击比赛,即可得到200美元的报酬。

这奖金挺诱惑人的。

当地的一名渔夫和他较量了一番,败下阵来。一个甘蔗工和他刚一交上手,就两脚朝天一个跟头跌昏过去。

著名的英国重量级拳击冠军汤姆·希尼正在比米尼岛避暑,他接受了这个挑战。拳击场就设在海滩上。

这是比米尼少有的盛会。人们倾巢而出,顽童、瘦狗、几只饿猫、贴在母亲胸前的婴孩和许多成年男子,都要看看这场精彩的拳击。海明威精神抖擞,准备夺魁。

希尼打了几个回合之后呻吟说:"咱们算了吧!我们在这儿打,什么东西也得不到,没有奖赏也就没有刺激,别打了。"

海明威直起身子,缩回了略感疼痛的手臂,说道:"这次我打得好开心。本来我在第七个回合就可以把你打败,到第九回合你就得

世界名人传记文库 | 147

赔上性命。你说不打就不打了吧。遇上一个厉害的高手，打起来真过瘾。"

海明威心满意足地回到基韦斯特，写完了他的小说《有钱人和没钱人》。

这是海明威最不成功的作品，读者和他本人都不满意。即便如此，这本书却使海明威这位孤立主义者懂得了"在现代世界上，谁也不能孤独地有所作为"的道理。

这对于一向桀骜不驯的海明威来说，真可谓是一大进步。

参加西班牙内战

　　海明威所指明的"迷惘的一代"是不幸的一代，他们刚刚从第一次世界大战的创伤中走出来，却不想第二次世界大战的硝烟已经点燃。

　　就在海明威还驾驶着他那艘最喜欢的"拜勒号"在海上与鲨鱼为伍的时候，世界局势也在发生急剧的变化。

　　西班牙发生了内战。一场反法西斯统治的战争突然之间就爆发了，而这，也正是第二次世界大战的先声和演习场。而现在，内战使海明威所热爱的国家彻底分裂，血流成河。

　　西班牙内战在早期阶段看来像是一次起事、一次叛乱，但是海明威深刻理解西班牙，他准确地预言说，这将是一场长期的血腥屠杀。

　　西班牙的兄妹们正在佛朗哥这个刽子手的屠刀下忍受着煎熬，他们被列队执行枪决，采用的是不分青红皂白的抽签方式——报数！

　　执刑官喊："一、二报数！"

　　"一、二，一、二，一、二……"

　　"数二的上前一步！"

于是，他们被带到墙边，士兵们举起枪，对着他们的脑袋就是一阵狂射。

枪弹齐发，报数"二"的都倒了下去，他们无名无姓也无罪，只因为报的数是该死的"二"。

西班牙，海明威所热爱的西班牙正在遭受宰割。海明威万分不忍。这大概是他第一次深刻体会到人类的苦难。

海明威体会到的不是贫困和经济萧条，也不是作为一种崇高事情的爱，他是看到了他所热爱的人民的涕泪，看到了大教堂炸成瓦砾堆，斗牛场变成废墟，粗犷的美化为一片荒凉。

从某种意义上来说，这也是一种斗牛，是另一种形式的斗牛。这是兄弟相斗，牛与牛斗；还有贪婪的列强相助，他们把西班牙当做第二次世界大战揭幕前显示各自军事力量的彩排场所。

美国、法国和英国宣布武器禁运，并大写其措辞文雅的外交函件表示抗议，企图在刚刚目睹埃塞俄比亚遭到蹂躏的世界上保持秩序。

海明威当上了美国民主西班牙之友医务局救护委员会主席。他借得40000美元为西班牙政府军购置了一批战地救护车。

海明威在纽约的卡内基大会堂对济济一堂的听众发表了慷慨激昂的演说。

"女士们，先生们，西班牙在流血！法西斯暴徒正在那里分裂那个可爱的国家。为民主而战的勇士们需要我们伸出援助的双手！"

海明威以驻外记者的身份到西班牙为《北美报》采访新闻。他在短期内还清债务之后便急不可待地要参加战斗。

1939年马德里不幸陷落之前，海明威一直像在意大利时一样，作为士兵参加战斗。如同年轻时作战地记者时一样，他总是争取到战斗最激烈的地方去。

海明威并不孤独，其他国家也有成千上万的人志愿参战。他们算不上正式的士兵，称为游击队更合适。

海明威坚定地站在西班牙政府军一方。这支军队虽然是为民主而战，却无法从任何一个民主国家买到枪支。他们在孤立无援的情况下对佛朗哥作战，只有苏联愿意帮助他们。

海明威的报道充满战争前线的气息。这些报道都是在战场上发出的，在电台上一广播，全世界都听到他的见闻。

海明威走遍了弹痕累累的乡村街道，拍下了已死的和垂死者的照片，也拍下了马德里人血肉模糊的尸体。那场景仿佛就是名画家戈雅的《战争的灾难》展现在他眼前。他好不容易才控制住自己没有呕吐。

这时基韦斯特成了海明威旧日的梦境，波林像是某个银幕影像。他完全陶醉在战斗中，仿佛生活在另一个世界上。

海明威和游击队员们一起啃坚硬的玉米饼，一起喝酸奶。他和他们一起摸爬滚打，出没在马德里以南和以北的山区。

他们的战斗就是他的战斗，他们的自由就是他的自由，他们的牺牲也就是他的牺牲。

海明威头戴编织的绒线帽，学会了制造酒瓶手榴弹。他把炸药装进空酒瓶里，对准进攻的敌人投去。这方法还真见效。这种制造酒瓶手榴弹的方法是一个叫帕布罗的朋友教他的。

海明威还组织一些暗中活动的游击队伏击小组，长时间潜伏于深山老林之中，伺机出击。

游击队炸毁桥梁以牵制法西斯军队的前进时，海明威正和他们在一起。他帮助他们点火药线炸翻列车，把木偶般的尸体抛向空中。他看到身穿整洁军服、满脸伤疤的纳粹和法西斯军官下令枪杀他的朋友。

海明威再次受伤，旋又复原。然而更糟的是，他看到那情景心里难受，为世界各国都没有来援助这些为民主而战的英勇男女而感到十分气愤。

各国外交官虽然通过了一次又一次决议，民主还是遭到了扼杀。纳粹海军炮击西班牙城市，墨索里尼的飞机轰鸣在天空，以保卫法西斯荣誉为名杀害妇女和儿童。

美国、法国和英国的国会或议会不断发表演说，但是它们的中立立场和无所作为终于葬送了一个民主政府。

第十一旅和第十二旅是海明威主要活动中心。

第十一旅由具有强烈的反希特勒意识的共产党人组成，医官凡纳·海尔布伦负责指挥这支部队。他牺牲以后，海明威把短篇小说《西班牙土地》的稿费支票汇给海尔布伦的遗孀。

第十二旅的旅长名叫卢卡兹，人们都称他卢卡兹将军，是个匈牙利人，来西班牙志愿参战的，也在一次战斗中为西班牙捐了躯。而他牺牲前却仍然怒吼着："把公牛放出来！"

这种由拙劣的骑马斗牛士。更拙劣的助手和屠夫而非真正的斗牛士来下手的残杀，令人难以忍受。

后来，海明威把他在西班牙内战期间的经历和见闻写进了他的《丧钟为谁而鸣》。

《丧钟为谁而鸣》是文学史上最伟大的战争小说之一。海明威对于其中的心理付之一笑，他还毫不隐讳地说，书中那位在熟悉的国土上作战的外来战士乔丹正是他自己。

《丧钟为谁而鸣》一直被认为是一部游击战争的真实写照，美国、波兰、捷克、法国、德国、苏联、以色列乃至古巴的军队都把它作为训练敌后游击战和突击战人员的必读手册，而不把它当成小说。

西班牙政府曾经请海明威出面向美国总统罗斯福求援，并劝说法国政府参战。海明威尽了力，但是没有成功。他们害怕自己的加入把西班牙内战变成世界大战。海明威离开了山区和平原的各个游击队组织，来到马德里。在这个城市被围攻的两年之久的时间里，他一直坚守在这里。他一边写急报，一边训练衣衫褴褛的新兵。西班牙共和政府崩溃时他十分痛心。

海明威蓄着浓密的小胡子，外貌很英俊，即使因工作需要而戴上眼镜也还是仪表堂堂。大家了解他、崇拜他，称他为"将军"。

在他那凄凉的房间里经常挤满了跑来的猫，无家可归的儿童和伤心过度而迷了路的老妇人。从前富有的斗牛士，如今也在挨饿，找他帮忙。

西班牙战争中死亡和斗牛场上的死亡不一样。巴塞罗那和马德里这两个城市陷落之前，街道就被炮弹炸得坑坑洼洼，迫击炮弹和大炮炮弹以及空袭日夜不停，成了常规。

墨索里尼和戈林派出的空军不断从云端里往下面的马德里扔炸弹和燃烧弹。而进行殊死抵抗的西班牙共和军用的还是炸药加步枪，就像长矛和弓箭挡不住毒气弹一样。

在马德里垂死挣扎的时候，国际联盟的各个委员会又通过了一些决议，印发了一些抗议书和文件，结果都被扔到各个政府机关的废纸篓里。

结局是注定了的，就如海明威的小说一样，只能完蛋。经过两年的艰苦抵抗之后，马德里终于陷落了。西班牙的民主完蛋了，战事也就结束了。

佛朗哥是个斗牛士，他的最后一次冲刺把鲜血淋漓的西班牙"刺死"在沙地上。

当然，佛朗哥这个独裁者在后来的历史中要比他的敌人所预料的好些。他和所有的纳粹都闹翻了,与墨索里尼和希特勒的关系交恶,第二次世界大战中也拒绝参加他们一边。

从这点上来说,他无疑作出了一项历史上最明智的选择。但是他又是一个独裁统治者,在他统治西班牙的时候不允许自由选举,不许有反对党,也不许真正的民主存在。

海明威像难民一样越过比利牛斯山,逃离了西班牙,逃进了相对安全的法国。

海明威所热爱的国家西班牙彻底在他的生活中画上了句号。海明威从此再也没有机会回到这个国家观看精彩的斗牛,他为此痛惜不已,却又无可奈何。

丧钟为谁而鸣

　　西班牙战争已经结束，但是海明威却欲罢不能，往事的幽灵时时缭绕在心头，让他夜夜失眠。

　　海明威带着伤痕累累的旧疤痕和满是枪眼的新疤痕回到了基韦斯特。但是这一次回来，有些东西已经变了。

　　海明威又一次做了失败的丈夫，当他的两个孩子正在成长的时候，当他的妻子正需要他关怀的时候，他抛下了他们，独自一个人上了战场。

　　等海明威从战场回来，两个儿子长大了，而妻子也成了路人。1940年，他们的婚姻正式结束。法院以遗弃妻子的理由给以终判。

　　早在基韦斯特定居的时候，波林就已经明白，她不可能做到海明威心中理想的伴侣。

　　波林也是人，还是海明威的妻子，她不可能同时身分三处，既要在他的前边，又要在他旁边，还要在他的后边。

　　早在巴黎流亡期间，荷兰著名电影导演约里斯·伊文斯找到海明威，根据他提供的材料和意见，拍摄了关于西班牙内战的纪录片。

　　影片首先为美国总统罗斯福专场放映，然后再送到各个电影院公开放映，呼吁大家为民主西班牙挨饿的男女老幼募捐食物。

观众们看到无辜民众惨遭屠杀的场面，看到许多老百姓挨饿的惨状，也看到了政府军奋力抵抗的场面。他们的确受到感动。他们捐赠了许多钱和食物，但是他们没有捐赠武器。

"因缺少一颗钉子，整只皮鞋就毁了……"单靠食物和衷心祝愿是打不赢仗的，于是取胜成为空谈，于是一切化为乌有。

在马德里，海明威住的旅馆被30枚炸弹炸毁期间，他写了一个剧本《第五纵队》。这出戏在纽约上演时，只赢得了一般的喝彩。

因为剧本的写成距离事件发生的时间太近，台词听起来像廉价的宣传，像是肤浅的博取同情的呼声，既天真又太富于感情。

海明威并不因此而气馁。他承认，写这个作品的时候他没有给自己充分的时间来体会情感以及为剧本润色加工。

海明威的另一篇作品就大不一样了。那本叫《丧钟为谁而鸣》的小说一出版就犹如晴天霹雳，佛朗哥的追随者们对这本小说恨得咬牙切齿，愤怒之情溢于言表。

他们说，佛朗哥是个了不起的伟人，所以他领导的战争才取得了胜利，海明威把他歪曲了。

有的共和党人也对他表示不满，因为海明威在小说中也描写了共和党人内部的混乱状况。

就因为这本小说，多年来，佛朗哥都不许海明威再次踏入西班牙。

海明威用18个月写成《丧钟为谁而鸣》。有很多事情要写，并且要写得准确，就像对人谈话时要让他们听懂。

海明威是在哈瓦那一个叫两大陆旅馆的五楼的一个房间里完成这篇书稿的。书稿完成后，他松了口气，倒了一大杯水，抓起一块面包，边吃边说："我写进书中的不是西班牙内战，而是我18年来所了解的有关西班牙的一切。"

第二天他就把这部新作装进公文包，起程前往纽约。车过迈阿密以后，空气调节设备出了故障，他只得在高温中校订《丧钟为谁而鸣》。

到达纽约时他的书已经校订完毕，可以付印了，他住下来，连续96小时不停地看校样，然后才用他那有力而审慎的手笔签名付印。

海明威从来就不能理解政治权力形成的错综复杂的大混乱，他看到的和描写的只是人间悲剧。

海明威让他的书中人物熬过革命的徒劳无益的时期……熬过勇敢和自豪的西班牙人民在苦难中遭到的绝望和叛卖。他的朋友是一次大规模战争赌博中的牺牲品。

海明威把西班牙描写成了一名贵妇，她失去了伪装，赤裸裸地遭到了集权大国的出卖和蹂躏。

海明威苦思冥想，终于让他想明白了，伟大的思想家马克思错了，伟大的领袖斯大林也错了，麻痹人民的毒品并不单是宗教，还有许多药剂、鸦片剂之类的毒品能够麻痹人民的心灵。

"是的，音乐就是众人的鸦片，酒当然是众人的最有效的鸦片。啊！极好的鸦片。除了这些，如果说有什么鸦片的话，赌博也是众人的鸦片，并且是最古老的一种。野心，还有对任何类型的新政府的信仰，这其实也是一种鸦片。"

海明威想明白了这个道理，可惜已经太晚了，西班牙已经被法西斯组织统治，甚至不只是西班牙，整个世界都已经笼罩在战争的阴云下。谁也不知道，什么时候会雷电交加。

在中国度过蜜月

　　海明威从小就出生在良好的家庭氛围中，这让他在选择配偶的时候只能挑选身世良好的女孩。

　　当他和波林离婚之后，不甘寂寞的海明威又闪电般和一个女孩结了婚。

　　这一次的新娘叫玛莎·盖尔荷恩，是一个很有才华的作家。在此之前，他们曾经在基韦斯特和纽约见过面。

　　当时，盖尔荷恩曾作为《柯里尔》杂志的代表拜访过海明威，后来他们又在西班牙相遇。或许就是这种对西班牙的热爱促成了他俩的结合。

　　这一次，海明威与新婚妻子来到了中国，度过了他们的蜜月。

　　这时，世界大战已经酝酿成熟，欧洲战场上浓云密布，就像一个火药桶一般，随时都可能点燃战争的炮火。

　　而一直以来都是半殖民地的中国这个时候正遭受着东边恶邻日本帝国主义的侵略，抗日战争处于最困难的阶段。

　　海明威的这次中国之行还秘密会见了中国共产党驻重庆代表周恩来。此外，他还深入各地进行采访，赞扬了中国民众的抗日热情，海明威在《午报》上先后发表了多篇报道,如实地反映了中国的抗战形势,表达了他对中国人民的同情和支持。

海明威看到了日本帝国主义的危险苗头,他向美国政府写信说,要求美国明确地向蒋介石表明,不支持中国打内战,而要一致对外,将日本帝国主义打垮。

海明威夫妇俩离开重庆去仰光时,中国有9个抗日团体联合举行了盛大的欢送会为他们送行。

出席欢送会的嘉宾有300多位。盛大而隆重的欢送会令海明威激动万分,不知说什么好,口里直说:"太奇妙了!太奇妙了!"

海明威同新娘从中国归来,他需要有时间休息一下,以便把经历中的精华从糟粕中分离出来。因为古巴在精神上最接近西班牙,所以他和玛莎就在这里定居下来。

玛莎和海明威搬进圣弗朗西斯科德波拉的一座称为"瞭望山庄"的百年老屋。

这是一座细而高的白色多层建筑,面对海上吹来的风,像一座矩形高塔耸立在山林之中,离斯洛波·乔埃大旅馆和民族宫有半小时的汽车路程,若从海湾和飘荡在海浪上的船舶上来只需15分钟。海明威就定居在这片田庄上。

瞭望山庄是座大房子,拔地而起,却占地不多。花砖地板经常由女仆擦洗得清洁光亮。

大花园里群芳斗妍,树木繁茂,有棕榈、番石榴、木瓜,一两棵大槐树和紫茉莉,极乐鸟在园里歌唱,一批园丁在这里悉心护养。大胆的小麻雀竟敢向这里的18只猫无端挑衅。猫吃得肥头大耳,也就无意追逐麻雀了,却常常和狗一起睡觉。

起居室宽敞舒适,陈设不拘一格。地板上铺了一条草席,上面再铺地毯。椅子一反热带风格,全都装得鼓膨膨的,垫得很厚,还配上印花布套。

在爱达荷州猎到的野鹿的头颅制成标本挂在室内，那呆板的眼睛盯住毕加索的一幅画。一只羚羊的头部从敞开的餐室门口露出笑脸。大扇的法国式的房门经常敞开迎接宾客，门里帘幕低垂，挡住热带夜间昆虫。

田庄上还建起了一个网球场、一个游泳池和一个拳击场。他心爱的"拜勒号"快艇就停泊在摩洛堡炮台附近，随时供他使用。

家中有个汽车司机、一名厨师，还有一群女佣、男仆以及他们的帮手。

建筑物的楼下还有一个很大的藏书室，共有4643册藏书。这些书除了《名人录》以外，海明威全读过。他空闲时每天要看3本书。每当读到一本他喜欢的，他就会去再买上几本赠给朋友。

"这本书你真得好好读一读，这是一本极好的书，我甚至希望它是我写的。"

海明威的写作习惯是独一无二的。他手拿铅笔，站在建筑师的绘图板前写东西。这是和其他从事文学创作的作家不同的，不是他不喜欢使用正常的书桌或者写字台写作，而是因为他身体的原因，他不能那样做。

1930年，海明威遇到车祸伤了右手和右臂之后，医师就建议他在倾斜的板面上工作。因为稍微倾斜的平面可以让他受伤的手臂在写字的时候不受那么大的压力，也因此不会受到更进一步的伤害。

"这是一个第一流的好主意。"海明威经过一些实习之后说，"老式铅笔使你必须放慢速度，你觉得似乎是在用文字绘画。铅笔的另一端也很有用，可以擦去后以修饰，选择恰当的词语。"

不过他写对话的时候都是用打字机打的，因为这样能使他的思路更加敏捷，加快步伐跟上他头脑里的思维速度。

田庄的周围环用篱笆，把那些好奇的或不受欢迎的人挡在外面。但是大门随时为朋友敞开，来访的朋友也的确不少。

3杯马丁尼酒或者甜烧酒下肚以后他就会伸开双腿，搁到脚凳上，自顾自唠叨起来。

"见鬼，真的，我一定要好好写，要写出最好的作品来。我本来能够像我父亲一样，当一个好医生，一个极好的医生，要不然也会当个出色的工程师或能干的海军军官。要是我选择这些职业，我也准能干好。"

"荣誉和金钱当然令人喜欢，但是，就是没有这两样东西，我照样要写书。这是我命中注定的。"

海明威还是一如以往地奋斗在他的思想战线上，脑海中形成了什么样的构思，就大胆地用笔将它们写下来。这个习惯一直到老都没有改变过。

在古巴的悠闲生活

海明威是一个天生的美食家，既贪吃又讲究。以前他小时候母亲就很好地照顾到他这方面的要求。

而现在，海明威功成名就，他有的是金钱和时间来挥霍。他最爱吃的是西班牙和古巴的饭菜，比如用刚捕捞上来的鲜鱼制作的鱼片嫩鸡薄片、肉菜饭、乡下浓汤和外加一碟薄荷香料的猪肉团。

海明威每次提起来就赞不绝口，还随时准备把自己最喜欢的烹调方法介绍给其他人。

在瞭望别墅，海明威就是至高无上的君王，这里的女佣和妻子都要听从他的指令。对于吃饭，海明威自然也定下来自己的一套规矩。

吃饭的时候，妻子玛莎拿起手铃一摇，古巴女仆便闻声而至，每人端来一道菜。

"这样才过瘾，哈哈。"海明威提起他的这套规矩的时候如是说道。

海明威是一个谨慎的家伙，因为第一部书稿的丢失，所以以后他对于自己的稿件特别谨慎。他将自己没有发表的作品以原稿的形式存放在一个国家,又以缩微胶卷的形式存放在另一个国家。

"这样,我的小说稿就不会像第一部那样失落了。"想到这一招的得意之处,海明威不禁发出一阵阵笑声。

但是海明威又无事自忧,对税制大发牢骚。他认为捐税不但麻烦,而且侵害了他的既得利益。

海明威甚至还给他的子女准备好了遗产,他说:"我遗留给妻子儿女的证券,是我那几部未出版的作品。"

虽然海明威和玛莎都明白,他们的婚姻行将破裂,但是,他们共同生活的几年间,家庭内外依然充满了欢乐的气氛。瞭望山庄总是宾客满座,谈笑风生,兴奋而又愉快。

海明威还常常带着玛莎乘快艇做海上航行,听海风呼啸,看狂涛翻滚,别是一番乐趣。要么他就带着她去深海捕鱼,捕马林鱼、金枪鱼,弄得本来十分整洁的"拜勒号"到处都是鱼腥味。再不就是带她去看斗牛或者打回力球。

看斗鸡是一桩重要的事,海明威全家,包括他的爱尔兰秘书,都要列队进入小小的斗鸡场。斗鸡场里面成群的古巴人在打赌、喧哗,十分激动,偶尔还会有一些前来观看,大多是看得目瞪口呆的游客。

海明威来看斗鸡,总免不了带上用稻草系好的一罐酒。

看斗鸡,则肯定会下注赌钱,古巴人会下赌注,海明威也一样。他看准了那只黑色的公鸡,将手中的钱全部押了上去。

斗鸡比赛又开始了。场内一片沸腾,一片喧嚷。

"啄呀!啄呀!"

"啄颈部!啄颈部!"

"啄头!"

"啄死它!啄死它!"

不懂人语的两只斗鸡拍打着翅膀迅猛地向对手冲去,啄、咬、撕、打,一旦咬住,就死死不放。

那是个极度刺激的时刻。

那只黑羽毛的威武的公鸡迅速而又猛烈地斗败了对手。海明威十分高兴。他热烈鼓掌,收齐赢得的赌注,捧起酒瓶痛饮一阵。

一个穿得很臃肿的美国女游客厌恶地瞧瞧他,然后她生气地挺起胸膛说:"海明威先生,你竟然也干出这种事来!你一直在喝酒。"

海明威抹去胡子上的红酒渍。

"太太",他说,"你真难看。"

她的胸膛又挺高了些。

"海明威先生,你真喝醉了!"

海明威放下酒罐,用一只眼睛打量她。"太太,那是可能的。不过明天我就会清醒的。"

海明威来看斗鸡实际上等于是给来看斗鸡的古巴人增添了一个节目。他们倒不是因为他是名作家而另眼相看,也不是对他爱好运动而感兴趣,而是因为他们欣赏他看斗鸡时的神情。

海明威看到斗鸡拍动翅膀,用富有战斗力的锋利而带血的鸡喙迅猛撕斗时那种入迷的模样,使他们见了高兴。而且,他和他们朋友相称,丝毫没有名人架子。

海明威和男人拍肩交谈。他和年轻姑娘开无伤大雅的玩笑。他爱说粗话。他喜欢喧闹,他和当地的古巴人融为一体。

古巴各地都有人赶来观看公鸡的生死搏斗。市长本人担任斗鸡比赛的赌注登记人和赌注比例的宣布者,他还充当哈瓦那名人的私人护卫。

瞭望山庄的生活轻松而又愉快。记者来采访时,海明威总是十分谦和。他爱虚荣，摆好姿势让记者拍照，只许他们拍好，刊出时要很像样子。

海明威在瞭望山庄过着舒适安逸的生活，但是这个时候的世界局势正发生着翻天覆地的变化，第二次世界大战的枪声已经打响。海明威闻到了战争的火药味。

妻子知道，她的柔情万种拴不住海明威那颗活跃的心，当海明威抛下妻子独自去参加海军的时候，他们的婚姻也就结束了。

海明威的第三次婚姻以破裂告终。

海明威的游击队

第二次世界大战开始了,全世界都卷入到了这场战争之中,谁也不能例外,就连一向坚持中立的美国也不能例外。

1941年12月7日清晨,日本海军的航空母舰舰载飞机和微型潜艇突然袭击美国海军太平洋舰队在夏威夷基地珍珠港,以及美国陆军和海军在欧胡岛上的飞机场。

太平洋战争由此爆发,罗斯福总统对日宣战。海明威当天就加入了海军。

向来整洁的"拜勒号"上的栏杆漆得发亮,甲板刮得干干净净,并有贮备丰富的酒吧间和好几柜渔具钓竿。

海明威对它进行了一系列的改装,船里装进了机枪、来复枪、反坦克炮和成百磅炸药。

"拜勒号"由一艘渔船摇身一变,变成了一艘战船。它和它的船长海明威都已经武装起来,枕戈待旦。

"拜勒号"装上了海上的各种伪装,在英属洪都拉斯、巴拿马运河区、墨西哥、古巴和佛罗里达的加勒比海沿岸搜索希特勒派来的潜艇。

纳粹分子得到"第五纵队"分子的帮助,在加勒比海给他们的潜艇加油,这些间谍和卖国贼为船只提供燃料用油,为水兵提供食品。

"拜勒号"装了电台,配备了高效武器和满舱弹药,用来执行多种海军计划。当然它有可能在几分钟内被击沉,但是海明威显然不顾及这点,他早已经将生死置之度外。

海明威还有一个更大胆的计划。他设法要与浮出水面的潜艇或者偷运汽油的走私船相遇,一经发现,就用装满炸药的"拜勒号"船头撞击敌船或潜艇。他打定主意要与它们同归于尽。

他把计划汇报给美国驻古巴大使斯普鲁尔·布拉顿,还和布拉顿一起商讨了对策。

"行!"布拉顿毫不犹豫地批准了海明威的作战方案。布拉顿本人就以胆大包天出名,也是个满腔热忱的爱国主义者。

海明威指挥船员演习。"拜勒号"要对准敌船,全速向前,准备与敌船同归于尽。船员和船长将于"神风"在来犯之敌的船舱中爆炸之前最后一刻跳入海中,然后再各尽所能设法逃生。

这是一种大胆疯狂的作战计划,但是美国情报参谋部充分相信海明威能够解决这一难题。海明威的方案得到了他们的赞同。

作战计划付诸实施了。

"拜勒号"并没有被击沉。尽管海明威眼力不济,却也发现了藏在水下的纳粹潜艇的蛛丝马迹。他发现了敌潜艇露在水面的潜望镜,并用无线电波将其位置报告给美国情报参谋部。

于是,飞机出动了,炸沉了敌潜艇。

就这样,一艘、两艘、三艘……

"拜勒号"已习惯于执行所承担的任务,是正规海军舰队的巡逻艇。海明威率领他的几名船员共发现11艘敌潜艇,他的努力受到了嘉奖。

1944年春，美国海军消灭了加勒比海地区的全部纳粹潜艇。海明威成功地率领着他的"拜勒号"圆满地完成了任务。

任务完成之后，海明威感到不耐烦，他要寻找更出色更有刺激性的新任务。海明威准备去接受新的任务。

海明威通过自己的人际关系，应邀签约当上了英国皇家空军的战地记者，负责报道他们对德国的夜间空袭。

于是，他卸下海军装，换上了英国皇家空军的制服，而且又蓄起了胡子。他执行了20多次飞行任务以后才回到地面上。

时间是1944年，海明威到来的时候正好赶上了诺曼底登陆战。

海明威以《柯里尔》双周刊记者的身份到巴顿将军率领的陆军第三军。这家刊物的纽约办公处在一年时间内只收到他写的6个短篇小说。这位著名的作家太忙了，写不出更多的作品。

巴顿将军的部队不让他参加战斗，气得他长吁短叹，抱怨不休。

"见鬼！我可不是普通记者呀！说起枪炮、打仗和战争，我比那帮毛孩子懂得多。这群黄口小儿被派来派去的，却把我晾到了一边，现在他们正需要我们这样有经验的老家伙和他们一道，帮助他们，指导他们。"

海明威最终还是参加了诺曼底的登陆，坐的是第一批登陆艇。他是喜欢打冲锋的猛将。他不能容忍自己像妇孺一样在战争的时候躲在后面，等待战友们取得胜利之后再去收集战利品。

圣洛防线突破之后，海明威不待命令下来就参加了他喜欢的第一军第四步兵师。

海明威随同这支队伍与其他士兵一起爬进滩头堡，避开炮火，后来又从沙滩爬到安全地带，这时飞机一直在他们后边沿锯齿形路线扫射。

海明威趁着滩头登陆和闪电攻击造成的混乱，轻而易举当上了第二十二步兵团的一个成员。

这个团以连续作战著称。他们一仗连着一仗，一直打到霍根森林。战斗进入最高潮，弹如雨下，尸骸遍野，鏖战20天后，4000多人的部队壮烈牺牲了2500多人。

海明威自始至终处在这场浴血奋战之中，他为受伤垂危的战士写家信，安慰他们的母亲。他在英雄墓前默祷，继而仰天诅咒。

海明威认为这场正面攻击伤亡太大，既愚蠢又行不通。但是军人的天职就是两个字——"服从"。所谓"军令如山倒"，又不得不执行。这很像当年英国兵列队进军去对付波士顿革命的农民和商人的情形。

海明威一边大发雷霆，一边随第四师向希奈埃菲尔和卢森堡挺进。

同行的记者说："海明威不带枪，只带一支铅笔和几张皱巴巴的纸。另外还有两只铁罐，一只装满伦敦的杜松子酒；另一只装满法国的淡味苦艾酒。这两样东西一混合就成了他的即兴马丁尼酒。"

海明威听到这话，气得吹胡子。他说："他妈的，那帮狗娘养的全是胡说八道。谁说我没有扛枪？我从小就抱着枪睡觉。我到死也要抱着枪。哼，竟然说我没扛枪！我能证明他们是在胡说。法国是有名的白兰地产地，我他妈的怎么会去喝马丁尼？"

战后，一位第四师的两星将军曾说，在一次战斗中，海明威到了离最近的增援站100英里的前沿阵地。他侦察两翼的德军情况，发回有关他们兵力和装备的准确报告，建议用坦克增援盟军。

在巴黎西南的朗布伊埃进行的另一场战争中，海明威接过了指挥一支法国马基游击队的任务，还当了他们这支地下军的司令官。

海明威的指挥相当出色。

他在一家小旅馆里设立了司令部，仿照他在西班牙所见到的方式指挥作战，不过也带点法国本色。他派出队员去保护道路，又向农村派出侦察队对纳粹做火力侦察，引发纳粹射击，取得德军部队的工事和火力的情报。

海明威还让他的非战斗人员的朋友假扮成农民、马戏团小丑、农家姑娘或神父，骑着自行车四处侦察，把敌人的情报收集到手。

勒克莱克将军率部队来到马基，准备向巴黎发起进攻的时候，海明威"将军"为他和他的参谋部提供了地图、速写笔记本以及有关敌人的各种详细资料。

海明威和他所率领的游击队为巴黎战争作出了巨大的贡献。美国战略情报局曾经宣称，由于海明威提供的事实和假设资料，勒克莱克将军才能迅速地胜利进入巴黎。

海明威确实是一个天才的军事指挥官，在战争的水与火中，他能够更加明确地辨明局势，作出有利于己方的判断。

海明威的下一个目标是巴黎，那个他所生活过和热爱的巴黎。

海明威的战争功绩

第二次世界大战卷动了整个世界，伴随着世界各大战场的爆发，战争的天平开始转向同盟国，解放法国、解放巴黎的战争也迫在眉睫。

盟军部队在诺曼底滩头留下了阵亡战士，继续向法国内地挺进。性急的海明威总觉得进军速度不够快，他守在吉普车里，随时准备冲锋。

第四师在巴黎北面的塞纳河上暂时停止前进时，海明威再次决定自己当情报首脑，趁士兵们休息时，组织游击队秘密出击。

海明威和侦察队跟踪溃逃的德国部队。他没有反坦克武器，也没有抗击装甲部队的装备。

海明威的部下头戴贝雷帽，脚穿木头鞋，身穿便服，却带回来一批纳粹战俘，他们中间有成年人，也有未成年的孩子。

海明威想起了学过的德语和纳粹政权对士兵的严格训练。他知道他们内心的奴性对纪律的恐惧，于是他采取了以其人之道还治其人之身的方法。

海明威坐在桌子后边审问俘虏，态度显得十分威严。那群俘虏

"啪"的一声立正站好，才回答问题，眼睛直视，用语简洁。

海明威收集到了不少情报，对勒克莱克将军的装甲师解放巴黎起了很大的作用。海明威年轻时曾在巴黎生活过，对这座城市有很深的感情。

勒克莱克将军稳步向巴黎挺进。勒克莱克将军十分感激海明威为他提供的情报。情报的准确性使他缩短了攻占巴黎需要的时间。

事后，勒克莱克将军曾对戴高乐将军说过，是海明威的情报拯救了千百个法国人的生命，也使他的作战时间大大提前了。

勒克莱克猛攻巴黎的时候，海明威的游击队不断壮大，就像涂了蜜糖的粘蝇纸吸引了大批苍蝇，队伍从10多个人迅猛地扩展到了200多人。

海明威用正当和不正当的各种手段为他的部下都弄到了一辆摩托车，使他的部队摩托化。他学会了领取成车的汽油和酒的高超本领。

比克正南方的一个村子里有一小股做垂死挣扎的纳粹士兵，他们有可能阻碍法军部队的前进。得到消息后，勒克莱克将军命令海明威率领他的游击队去攻占这个村子。

海明威在一间棚屋里部署他的军队，其中有保卫祖国的法国人，有从纳粹本国、波兰和捷克斯洛伐克逃亡出来的难民。这些年轻人都很勇敢，不怕牺牲。他下令突破左岸，他们全部英勇向前。这一仗旗开得胜。

海明威的游击队不是正规军，他的战斗行动也不属于正规战争的组成部分，但是这位传奇人物已经成为枫丹白露的保卫者而名垂青史。

当勒克莱克将军的部队还在塞纳河南岸激战时，海明威已经率领着他的游击队悄悄溜进城里，在凯旋门附近奋勇打击敌人。

海明威的部队作战英勇,他们稳扎稳打,逐步挺进到他熟悉的一家叫做里兹的老旅馆。他带领非正规军的游击队员,占领了这家久已因为窖存美酒而出名的旅馆。

海明威还叫人在门口贴上一大张告示,通告全体解放巴黎的战友。告示上写道:"海明威占领了这家旅馆,地窖里的好酒喝不完。"

巴黎解放了,到处是一片欢歌笑语。

在巴黎的祝捷之夜,一个20岁左右的游击队员紧紧握住海明威的手说:"老伯,将军,你的仗打得真漂亮,真叫我们大开了眼界!"

美国陆军也同意这种看法,他们无法否认海明威对战争的贡献。他的效命意义崇高而又很得当。但是,他们却附带上了某种明确规定的惩戒性意见。他们认为,战争是职业军人的事;战地记者的任务只是观察和报道,他们不该参加战斗。

按照《日内瓦公约》规定,战地记者一律不得携带武器。海明威不但带了武器,还未经许可、无人授权就私自参加战斗,并且率领了一支未曾正式入伍、没有军人纪律、未曾受过训练的游击队。

为此,从理论上说,海明威触犯了《日内瓦公约》的规定,应当受到军事法庭的审判。

第三军军法部门和总检察署联合审理了"海明威案件"。审问进行了两个多月,但是毫无进展。

"你见过欧内斯特·海明威手里拿枪吗?"

"没有,但是他拿过铅笔。"

"你曾见过欧内斯特·海明威射击吗?"

"看见过。"

"在哪里?"

"他给我弟弟射(摄)了一张照片,我打算寄给母亲的。"

"欧内斯特·海明威是否想把你编入他的部队?"

世界名人传记文库 | 173

"什么部队？因为他是我的朋友，我才跟他走的。"

"你看见海明威打死过人吗？"

"看见过。"

"请把细节讲述一遍。"

"这事发生在巴黎近郊的树林里。一个男人，是个德国人，带着枪躲在一棵树后面。海明威和他格斗，把枪夺了过来，扔在一旁。他把那人紧按在树桩上，那个纳粹分子给按死了。"

军事法庭的审问人员对海明威的游击部队进行了单独的审问，但是海明威的形象早已经深入人心，坚决支持海明威的人不想让他受到军事法庭的惩罚，所以对提出的问题尽作些无关紧要的回答。

就在军法部门和总检察署对海明威进行调查的时候，他早已离开巴黎，前往德国。海明威打算迎面碰上希特勒，亲自捉住这个战争的罪魁祸首呢！可惜，他最终没能到达柏林。

查不到海明威的犯罪证据，军法部门只好把"海明威案件"暂时搁置一旁。他们所得到的问讯结果如出一辙，这些男男女女的口供好像是串通过一般，除非严刑拷打，否则无法改变。

"对于像海明威这个看起来是凭自己的想象力来求得战争胜利的人，应该不予追究。"

艾森豪威尔将军设法维护了海明威，说军务部长最好去清算罪有应得的纳粹分子的罪行。

军事法庭对海明威的审讯就此作罢。而这个时候，战争也进入尾声。

表彰大会上，美国陆军部授予海明威一枚青铜星奖章，以用来表彰他的作战英勇，并表彰他在朗布依埃战役中提供情报的功绩。

海明威的一生都与战争分割不开，他亲自参加了第一次世界大战，写下了《太阳照样升起》，称自己那一代人为"迷惘的一代"。

30年后，当他身上的旧伤疤都已经结疤脱落的时候，海明威又主动参加了第二次世界大战，而这个时候，他身上又填满了许多新的疤痕。

海明威的身上伤痕累累，肌肉处处发酸，动一动浑身就疼痛。但是这些对他来说，都不算是什么。

真正让海明威心痛的是战争，是在战争中失去家庭的无数孩子，他们还那么小，却为战争所卷入，成为无家可归的孤儿。

海明威的心在滴血，却又无可奈何。他只能拿起手中的笔，将战争的罪恶揭露，书写下一段段脍炙人口的故事。

不想做广告的名人

第二次世界大战结束了,海明威这个游击队司令也结束了自己的任务。他卸下了肩头的担子,带着伤痕累累的身体,居住在巴黎的里兹旅馆里。

海明威确实疲惫了,他的身心疲惫不堪。三个妻子先后来到他的身边,又先后离他而去。这三个都是他所爱的女人,失去她们,让海明威心中非常难过。

"你失掉她们,就像损失了一个营的兵力一样痛心。那都是由于判断错误,由于命令无法执行,由于条件不许可,可能也由于残酷无情。"

海明威对往事剖解得十分透彻,但是却于事无补。他已经彻底失去,往事不堪回首,他已经不太可能挽回失去的婚姻。

第二次世界大战后的海明威表面上仍像个拳击手一样壮实,但是内心里,他已经疲惫无力,由于战争的折磨而疲惫无力;同时,还由于想起这40多年来的风风雨雨给自己身上留下的创伤和疤痛而痛苦不堪。

海明威老了,虽然他的精气神还是像年轻的时候一样,但是他的身体由于战争的创伤，衰老得十分厉害。

睡眠对于海明威来说是一种难以买到的奢侈品。他彻夜为噩梦所纠缠，睡不安稳，太阳一出就再也睡不着了。

焦躁不安在蚀耗他那感觉迟钝的躯体，而且变成一种精神上的病毒，引起了许多健康上的问题。他像自己塑造的几个人物一样，感觉到了高血压导致的死亡，心力衰竭也在悄悄地逼近。

"每一个人在活到半辈子的时候总要生一场病，而且也知道，这比体内的疾病更为不可思议。"

海明威清楚地知道这一点，但是他却无可奈何，他挣扎，他反抗，但是病魔还是始终如一地纠缠着他，吞噬着他的身体。

海明威一生有两大支柱，一个是妻子；一个是写作。而现在，就连写作，他都变得十分困难。

写作对于海明威来说本来是拿手好戏，但是现在，他却对此感到一阵恐慌。优秀的作品在战争刚刚过后本来就极难产生，海明威自己也常常拿这件事情开玩笑。但是令海明威恐惧的是，他的创作力在这个时期竟然真的近乎衰竭，或者说停滞了。

"要写出具有价值的作品是需要全力以赴的事。"

海明威本来住在巴黎的里兹旅馆，可是为了写出新作，他特意迁到威尼斯的格里蒂旅馆住下来。

海明威在这里写出了《过河入林》的初稿。这是一部描写他不久以前的战争中的冒险经历的长篇小说。

这次写作十分艰难。战争刚刚结束，海明威还没来得及好好消化，形成成熟的观点和看法。

更加令海明威揪心的是，在一次打野鸭时，一颗枪弹反弹过来把他的一只眼睛打伤了。他本来就有一只眼睛不好，这一下更是雪上加霜。当时医生们都担心他会因此送命，即使不死，也得成个瞎子。

为了战胜死亡，海明威加快了写作的速度。他想再为后人留下一本传世之作。

但是，事与愿违。书是写出来了，却被评论为他的败笔之作，他的声誉也因此而一落千丈。许多人还认为他不配再写书。

"这个迷人的城市及其运河形成的背景，博吉亚斯的浪漫史，以及背信弃义和很不光彩的行径，书中固然都写到了，但是情节牵强，枯燥乏味，浮浅而又生硬。海明威已经老了，他不配再写书了。"

尽管新书的销量和反映并不是很好，海明威本身的身体健康也在逐步恶化，他的视力越来越模糊，身体疲惫不堪，但是他的幽默还是使他度过了艰难的阶段。

海明威喜欢静静地坐在海边，看着无边无际的大海，他笑着说："我曾经受到控告，被人斥责为剽窃。原告声称，我的《丧钟为谁而鸣》是抄袭他写的一个未曾发表的电影剧本的。"

"原告说他曾在好莱坞的一次宴会上宣读过那个电影剧本，而我当时恰好在场，或者至少有个名叫欧内的人当时听到了他的朗读。就因为这个子虚乌有的事情，他提出要求赔偿100万美元。"

"先且不说当时我在不在现场，我毅然出庭了。毫无疑问，这场官司我打赢了。那个原告原来是个无力偿还债务的人。"

关于海明威的逸事很多，在骑士中间同样流传着一个关于海明威的趣事，那就是海明威这个很讲究的名人竟然拒绝做"名人"。

有一次，巴黎一家酿酒厂的经理找到了海明威，说是可以支付给海明威4000美元的现金和终生免费喝酒的特权，只是需要用海明威的面孔、胡子和声望大做广告。

但是海明威却想都不想就回绝了。他笑着说："我不能为拿4000美元而喝酒，我有自己爱喝的名牌酒。"

走进幸福的港湾

　　海明威的一生有过两段最快乐的时光，一段是他童年的时候，那个时候他居住在密执安州的夏季别墅中，陪父亲打猎、捕鱼。这段时间他年纪还小，过着无忧无虑的日子。

　　而海明威一生中另一段最幸福的日子，就是他生命的最后15年。这并不是因为他得到了承认，得到了诺贝尔文学奖金和普利策奖金，也不是因为他在文学界树立了声望，而是因为有了爱妻玛丽·韦尔斯。

　　玛丽是一个具有美德的艺术家。她能使海明威这头公牛站着不动而又不让他显出胆怯的样子，不伤他的尊严；如果他愿意，也允许他进攻。

　　玛丽天生就有鸡心形面庞和一头卷曲的短发。海明威爱她甚于他从前喜欢过的任何女人。他第一次感觉到爱情超过了他自己的那种强烈的自我主义。玛丽既是女神，又是妻子，对他百般体贴，但又从不试图占有他的灵魂。

　　和玛丽的认识纯属偶然，当时还是在第二次世界大战时期，在被炸弹炸得坑坑洼洼的伦敦街头。

他们两个人的身份都是记者,海明威是《柯里尔》杂志的记者,而玛丽则是《时代》周刊记者。

用一见钟情这个词语来形容海明威和玛丽的感情一点都不过分。海明威一看见这个女人,就喜欢上了她。

后来海明威参加反法西斯战争,到了法国。人虽然离开了伦敦,他把智慧和力量都用在了解放巴黎的斗争中,他的心却飞到了远在伦敦的这个身材像个男孩、脸上总挂着诚实的微笑的女子身上。他常常托飞行员或逃难的人偷偷地给玛丽捎信。"这是一场了不起的战争。还是我来看你的好。"

海明威心中明白,自己爱玛丽,他想要娶她为妻。

玛丽从战争的飓风中卷到海明威的生活之中,从此她便待下来,成了后来海明威的暴风雨般生活中的平静的风眼。

当然,和海明威前面三个妻子一样,玛丽也是一个有着良好家世的女孩,她出身明尼苏达州的一个家境小康的书香人家。

玛丽很聪明,很有教养,又是打字能手。她担负起艰巨而庞杂的任务,每一种任务都完成得十全十美。

她既是妻子又是同事;既是热心的崇拜者又是严格的批评家;既是秘书又是编辑;既是女主人又是渔妇;同时还是谋士、护士、厨师和田庄的产业管理人。

海明威视力不济,写作十分吃力,于是玛丽主动为他当助手:"海明威,你去休息一会儿,我帮你打字。我想你会满意的。"

果然,潦草而又字迹不清的稿纸变成了整洁的打字稿,而且很少出错,就连海明威也夸她是个打字能手。

玛丽简直就是海明威的热心崇拜者和严格批评家,她常常会读海明威的文章,时而会高兴地对他说:"好极了!海明威,这段写得妙极了!"

时而她又会毫不留情地指出:"亲爱的,你这段应该修改一下,它夸张得有些过分了,让人感到不真实。"

海明威最大的嗜好是捕鱼,而玛丽却从来没有出海捕过鱼,但是既然丈夫喜欢,她就会去学习。

聪慧的玛丽便按照海明威和他的大副格利高里奥·弗恩特斯的指导,有说有笑地学会了捕捉马林鱼,本事和船上的伙计不相上下。

她跟大家一起去秘鲁,手拿照相机专为他们捉到的鱼拍照。

结果那天晚上突然刮风,海岸成了荒漠,沙子一直刮到房间里,房门也给刮得"砰砰"关上。

他们乘坐着快艇,一连捕鱼一个月,从清晨就开始,直到风浪大作不能拍照时为止。浪头排山倒海,浪顶上飞溅出雪白的水花。他们同马林鱼周旋,捕到的一般都将近一吨重。晚上,他们同秘鲁人共享鱼宴。

"拜勒号"游艇是行驶在海面上的一座爱的堡垒。玛丽喜欢这艘船,也喜欢捕鱼和这种户外生活。对这种生活的认识,让她对海明威的理解又深了一层。

海明威这人颇难理解,也颇难伺候。但是玛丽却理解了他。她听见过他在痛苦的睡眠中的呻吟声,也知道他的病史和遭遇的变故。

玛丽认定他是个天才,一个不可多得的天才。她体会得到并且十分尊重他的志向与抱负。尽管他说话有些粗鲁,但实际上他是个文雅的人。

海明威粗鲁的外表包藏着一颗温柔的心,玛丽全身心地爱她的丈夫。玛丽心里明白,她丈夫得到的爱正是他所希望得到的那种方式的爱。

海明威一生有过多次恋爱经历,但是没有一次能够像玛丽这样给他深刻的印象。他对玛丽的称赞超越了世间的一切。

世界上的作家们在讲述自己的爱情故事时,很少有人能够超越海明威对玛丽的赞美的。

海明威以阿培拉德和爱洛伊丝的方式引吭高歌他的颂歌,逢人就唱,只要对方愿意听。他不仅在新婚燕尔之时如此,而且后来越见热情,直到他开枪自尽为止。

海明威几乎用上了全世界所有的赞美之词来赞美他的这位爱妻:"玛丽小姐,是始终不渝的。她也勇敢、媚人、机灵,看看她就叫人感奋,伴着她就觉得其乐无穷,实在是一个好妻子。"

"她不在家时,整幢房子就像她曾拿开的、倒得空空如也的空酒瓶一样空,我也就生活在真空里了。那种孤寂的情形活像电池用完后又没有电流可接的一个无线电真空管。"

海明威还经常夸赞玛丽是一个很出色的捕鱼能手,是个唱歌能手,嗓音准确真实。

玛丽也是一个枪法相当准确的猎人、游泳健将,第一流的厨师、品酒的内行,优秀的园丁,业余天文学家,懂艺术,懂经济,又懂斯瓦希里语、法语和意大利语,能用西班牙语管理船只和料理家务。

"玛丽的社交圈子很广泛,她所认识的陆军将领、空军将官、政治家和要人,数目之多,超过我所认识的阵亡的连长、从前的营长、酒友、恶棍、歹徒、胆小鬼、夜总会常客的领袖、酒店主人、飞机驾驶员、赛马赌徒、形形色色的作家和色鬼。"

玛丽小姐可以说是一个全能的人,最为关键的是,她对丈夫潜移默化的影响还体现在了他的私生活上。

众所周知海明威放荡不羁,他的前三任妻子在海明威私生活的管理上都失败了,唯有玛丽,让海明威一直老老实实,一直把心思放在了玛丽的身上。

在爱达荷州山区的一家小饭店里,有个美丽的金发女郎,她没有读过海明威的著作，但也知道他很有名，而且对于女人有点放纵，于是她便使出一股骚劲，卖弄风情地扭屁股晃肩膀。

海明威把目光转向一旁，脸上露出一阵厌恶的表情。

那个风骚的女郎不肯就此罢休。她凑近他，摸弄起他的胡子，说："好伯伯，您挺漂亮呐！"

海明威透过眼镜疾言厉色地瞪了她一眼，仍不理她。

女郎仍不死心，索性伸出手来钩住了他的胳膊弯儿，撒着娇说："您怎么不说话呀，好伯伯？"

海明威顿时火起，咆哮起来："放开我，夫人！"

金发女郎眨了眨水汪汪的蓝眼睛，不明白这个有名的风流男儿为什么会对她不动心。

"依我看哪，您犯不着动那么大的气。您现在是有妻室了呢，还是光棍一条？"

"我结婚了。"

"哦，既然这样，您可不可以告诉我，您太太是怎么把您调教得这样一本正经的？"

"这个嘛，我可以告诉你。我妻子使我感到幸福，也使我对其他女人全都失去兴趣。"

海明威说完，只管自己离开，不再理会那个风骚的女郎。

其实，玛丽小姐之所以管得住海明威，是因为她根本不管他，让他觉得跟什么样的女人睡觉都可以。这样一来，其他女人对海明威反倒没有什么吸引力了。

而且，放荡不羁的海明威一度怀疑自己是否能够拥有爱情，是否能够忠实于一个女人。

海明威一向不肯安定，玛丽给海明威带来了安宁。她不肯眼看蠢人做傻事而心安理得，她一点儿也不肯。她有充沛的精力，而且做事有始有终。不过,她也会变得像猫那样懒。

海明威是像暴风骤雨一般过生活的,完全按照自己的心愿去做事,去达到目的,但是玛丽却是安稳沉着地信步而来,延长了他的寿命,并使他的生活充满了他从未享受过的天伦之乐和人间温暖。

不光是海明威,他的家族成员中凡是见到过玛丽的,无不立刻折服于她的魅力。没有见过她的那些人除了收到她的礼物和友爱赠品之外,还经常接到她的来信,因此,即使在远方,心目中也都形成了海明威夫人的亲切形象。

海明威十分开心,漂泊了大半辈子,他终于在晚年找到了能让自己睡得安心的天使了!生活有了玛丽,因而变得更加精彩。

与海军学员的聚会

海明威还是一如既往地喜欢聚会、豪饮,开一些无伤大雅的玩笑,炫耀一番自己取得的伟大成就。

一年一度出来巡航的美国海军军官学校的学员们循例来到爱达荷州的时候,海明威打算尽一下地主之谊,好好招待他们一下。

考虑到玛丽不喜欢家宴之后的那些空酒瓶和家具上被香烟烧成的印子以及一整天的洗刷打扫,海明威便把这群客人请到弗洛里迪塔餐馆去吃饭。

这事惊动了宪兵队,他们打算派出专人来保护海明威的安全。因为那帮毛头小伙子们会没完没了地向他提问题。

他们不管什么事都喜欢打破砂锅问到底。他们会问他是怎么打狮子的、怎么捕捉大马林鱼的,弄不好还要看看他浑身的伤疤,再要他讲讲每次遇险的经历。这会累坏这位名作家的。

有一位穿白色制服的大副自告奋勇做了海明威的保镖。"放心吧,先生。有我在呢,海明威先生会安然无恙的。"

"大副",海明威对他的保护人说:"你是我的好朋友,现在你又站在我这一边了。你就把我在公众场合的事情都管起来吧!"

"先生",那人敬了个礼回答说:"有时紧张起来,我也许会用平等态度对您讲话,但是请您别念私交。多年以来我一直在为今天这个机会做准备,先生。"

他迈开大步在前面开道,直向餐馆走去,还不停地挥手叫学员们闪开。

"闪开,闪开!别挡道!我们是海明威司令请到弗洛里迪塔餐馆去吃饭的客人!"

有几个学员围在一起,忙乎着把海明威新买的克莱勒斯牌小汽车漆成救火车的鲜红色。大副见了,说道:"现在您的车比以前的大了,也更漂亮了,海明威船主、司令。"

海明威笑而不语。这种恶作剧都是天真无邪的儿戏。

他年轻的时候曾经爬上墙头用油漆写商店招牌,把各家房门拆下来对调,把一些烟囱推倒。

如今既然海军学员认为他的汽车应该是红色的,那大概也不无道理吧!

弗洛里迪塔餐馆座无虚席,人们开始你推我挤,都想挤到海明威面前来请他签名留念,同他握手寒暄。

那位"对外关系的主管"负起责任。他言行并用,赶走了坐在海明威预约坐席上的人,又对每一个想接近海明威的人进行严格把关。

"你认识我们司令?"

"不,不过……"

"走开,走开。你没见他正忙着吗?"

"你认识我们司令?"

"认识。"

"好吧！那就算了。"

大副终于认为他把好奇的人都挡开了，这才坐下喝酒。另一位高大健壮的大副也在这张餐桌旁就了坐。

大家正在认真地讨论文学，而且谈得很深刻，这个时候邻桌有一位高大健壮的大副也参与了进来，他插嘴道："我最喜欢的书有两本，不，应该是三本。一本叫《雨来时》，一本叫《月亮的六便士》，还有一本叫《通天塔》。"

海明威一听就笑得喷嘴了，他无奈地笑道："老兄，这三本书都不是我写的。"

"他或许说的是《春潮》吧？"负责保护海明威的那名大副为他同伴辩解道："我超级喜欢那个非武装人员的印第安人，他的枪法好极了。"

"《月亮的六便士》是本好书。"那位大副还在努力地为自己辩护。

"保镖"，大副安慰他说："你的眼光真的很不错。其实那些书都是海明威写的，不过他太谦虚了，他的那些作品都是用其他笔名发表的，但是同样感人。就是这么回事。你说对不对，海明威，啊，司令阁下？"

海明威还没顾上答话，就发现美国驻古巴使馆的海军武官在向他使眼色。他和海军上将，还有另外两三个人，坐在稍远些的一张桌子边，他们都穿着便衣。

海明威本来没有理会他的脸色，但是发现他又一次向他使眼色，就抱歉地对同桌人说道："请原谅我的失陪，先生们。我过去和那边的几位朋友说两句话，否则他们会认为我失礼的。"

"小心为妙，司令，需要我陪您过去吗？说不定他们是假朋友呢！"保镖大副不放心地问道。

"没事。"海明威制止说："你照顾一下这里，我过去说几句话就回来。"

海明威来到他的老朋友海军武官的餐桌旁，发现出来巡航的海军上将颇有亲和力，和蔼可亲，也很明智，总而言之，一桌客人都是令人高兴的好朋友。海明威和他们举杯共饮。

过了几分钟，那位"主管对外关系"的大副东倒西歪地走到这张餐桌旁。

"海明威"，他说，"您待在这儿干吗呀？别把您的时间浪费在市民身上吧！"

海军上将顿时气极，一下子站起身来，愤愤地说道："混账！你当我是何人？我是你们的上将！"

"保镖"大副连忙敬了个礼。他的说话声音变低了，两只眼睛直视前方。

"上将先生，我敬请您让海明威回到我们那边去。"

"这得由海明威先生自己决定，大副。"

过了一阵，海明威才又回到他的"保镖"身边，这里有一群读者和文学批评者，还有光临弗洛里迪塔餐馆的大副们。海明威继续和他们痛饮，海阔天空胡诌乱吹。

晚宴完毕时，那位大副让他的部下排好队，又叫人把那辆红色的克莱斯勒牌轿车开过来。汽车已经停在餐馆门前，那一次急刹车几乎把轮胎弄得冒烟起火。

"大伙上来跟海明威握手"，大副命令道："动作要快。司令要回去休息了，这样他明天才能好好开动脑筋，进行写作。抓紧时间，一、二，开始！"

海明威在人们心目中的形象和他本人有些不同。的确，他又粗鲁又随便，因为他生于特迪·罗斯福时代，当时参军打仗、狩猎虎豹，体魄健壮是男子汉的一种标志。

海明威一生都在冒险，他参加过第一次世界大战和第二次世界大战，身体上留下了无数的创伤。海明威万万没有想到的是，到了晚年，他还要再经历一次这样的生死挑战，而这一次的失事也正验证了一句老话："大难不死，必有后福。"

飞机失事大难不死

1954年1月,海明威和妻子玛丽作为《展望》杂志记者,飞往非洲报道肯尼亚吉库尤部落反抗白人的所谓"恐怖活动"。他们租了一架小型单引擎塞斯纳飞机。

飞机在飞往非洲的时候,海明威一时心血来潮,想要观赏尼罗河源头气势最雄伟的默奇森瀑布,驾驶员只好奉命低飞。

他们逐渐接近震耳欲聋的大瀑布,突然之间一大群朱鹭迎面飞了过来,驾驶员只能被迫俯冲,飞机一个跟头栽了下去,坠毁了。

海明威头部受伤,玛丽小姐翻出座舱,只受到一些她认为是微不足道的擦伤和痛楚。

长夜漫漫,实在难熬,真叫人不知如何是好。虽然不缺应急的干粮,但是没有水。海明威受了伤,理应在原地多停留一些时候,但他不肯。

大象似乎不欢迎这几个陌生人的到来,河岸上有几条鳄鱼显然怒气冲冲。夜间有一头大象在海明威他们的扎营地周围徘徊了大约两小时,有好几回离他们只有几米。

在月光下,这头大象看上去活像一座移动的大山。它仿佛极其专注地侧耳细听玛丽的鼾睡声。

当海明威叫醒玛丽时,她死都不承认,说:"我从不打鼾。那只不过是你们的胡思乱想罢了。"

"看来大象和我们有着一样的看法。"海明威笑笑说。

"你们听到过猫打鼾吗?"玛丽坚决地反驳道。

失事的当天晚上,野兽在营帐外吼叫,海明威学着这些野兽叫来作为回报。

黎明的曙光刚一露脸,海明威、玛丽和飞机驾驶员这三位遇险的幸存者便开始上路,四处寻找通往尼罗河的途径。

与此同时,英国海外航空公司的一个驾驶员在默奇森瀑布附近一片丛林里发现了失事的飞机。

没有迹象表明有幸存者。没有空地可供飞机降落让他去调查。驾驶员用无线电向最近的联络点报告了遇难飞机的牌照号码。不一会儿,他得到回音,说他发现了海明威那架失踪了的飞机。

所有的《晨报》都发布消息说,在非洲的一个丛林里发现了海明威乘坐的那架飞机的残骸。海明威怕是凶多吉少。

其实他们不知道,这时,海明威一行三人已经找到尼罗河,搭上了满载旅客的汽船,免费到了阿伯特湖畔的布提亚巴。

海明威又租了一架轻型比赛用飞机,前往乌干达首都恩德培。

飞机凌空升起,碧空万里无云,是一个适合飞行的好天气。哪里想到飞机仅仅飞了片刻就一头栽到一个西沙尔麻种植园的地面上,几秒钟后就轰然爆炸了。

干燥的麻株燃成一片火海,熊熊烈火顿时将海明威夫妇彻底吞没。大火和盘旋上升的黑烟象征海明威死于非命。

世界各报几乎都以头版头条位置报道了海明威遇难的消息。

"海明威专机在非洲上空失事!"

"海明威失踪!"

"海明威机毁人亡!"

"海明威及其夫人遇难!"

"丧钟为作家而鸣!"

正当电传打字机和无线电讯不停地发出海明威遇难的噩耗,各报都在匆忙草拟头版讣告时,海明威夫妇以及驾驶员从飞机残骸和火焰中爬了出来。

"玛丽小姐",海明威事后说,"从未目睹过飞机起火,见到这种场面实在是令人难忘,尤其是当你还身处在飞机中的时候。"

玛丽受了很严重的伤,几乎不能动弹。她的肋骨断了,刺进腰部。海明威显然感觉良好,还帮助一群当地人和农民扑灭烈火。他在起火的田块之间冲来冲去。玛丽则躺在地上,用力把肋骨按在原来的部位上。

"跑慢点,海明威,你昨天在飞机失事时受了伤,你忘记了吗?"

"可是这火势太猛了。我们得先灭火,干完了我立刻就回来,别担心,亲爱的。"

这个敢作敢为的巨人果然控制住了火势。

海明威开始了艰苦的跋涉。现在没有了飞机,也没有汽车。最近的医院在200多英里以外的恩德培。他们只好步行去那里。与他同行的当然还有玛丽和飞机驾驶员。

主治医生检查了全身。

病历卡:

欧内斯特·海明威,美国公民

职业:新闻记者

出生：1899 年，依利诺伊州，橡树园。

病情：

关节粘连

右肾挫伤

肝损伤

肠道机能紊乱

脑震荡

可能并发眼疾

2 度和 3 度烧伤

海明威沉睡了几小时，醒来就问："玛丽呢？"

"我在这儿。"

"可是你有伤啊，你受了伤。"

"根本没受伤。你现在倒是应该躺下去。我没什么，你伤得很重，全身都有伤呢！你需要睡觉。"

"不过，玛丽你没受伤？我根本不在乎，你真的没受什么伤？"

"是的，的确没事。我虽然断了两根肋骨，但是现在外面已经裹上了松紧适中的纱布，一点也不痛了。叫人担忧的是你的伤。来吧，把这个大冰袋放到额头上，你会感到凉飕飕挺舒服。这冰袋搁在你的头上还特别好看。"

"光镇冰袋管屁用，得来点朗姆酒才行。"

他伸开手脚躺在病床上，不计其数的记者和摄影记者把他团团围住。就在这时，他看了用 25 种语言文字发表的他的讣告。

自己读到自己的讣告，这场面委实有些滑稽。

"发讣告有一点不可取，就是你读到自己的讣告时，简直太难受了。"

海明威在非洲上空两次飞机失事之后，负责为他治疗的医生对他说："你第一次坠机时本该立即丧命的，可是你没有死，所以又发生了第二次坠机。加上火烧，你又一次本该丧命，但是你大难不死，活下来了。可见以后只要你安分守己，你就再也死不了啦！"

海明威听后不以为然。他说："其实，有朝一日我会变成一具够你瞧的尸体。我不会再活5年以上，我得抓紧时间。"

这或许只是海明威一句自我幽默的解嘲语，但不幸的是，他的这话真的应验了。

《老人与海》和诺贝尔奖

圣地亚哥是一个独自在湾流里的一只小船上打鱼的老头儿。生活和岁月给老人的折磨，令他后颈上凝聚了深刻的皱纹，显得又瘦又憔悴，身上的每一部分都显得老迈了。

可是他的那双眼睛跟海一样蓝，是愉快的，毫不沮丧的。一开始时，老头儿正赶上"霉运"，84天，整整84天，他连一条鱼都没有捉到。这对一个以打鱼为生的渔夫来说，那真是再倒霉不过了。

就连跟老人在一起很长时间的一个孩子，也不得不在第84天离开了他。

圣地亚哥为了证明自己是个"古怪老头儿"，或者说是为了证明自己是有坚强勇气与毅力，为完成只属于自己的那项别人无法替代完成的任务，为了鳔夫的光荣与尊严，圣地亚哥一定要捕到一条大鱼。

老渔人圣地亚哥也意识到了"85"是个吉利的日子，"可以捉到1000磅的大鱼"。

圣地亚哥老人捕到他一生捕到过的甚至见到过的最大的鱼，可是却引来了一群鲨鱼。老人耗尽了全身的精力，不仅两手空空，而且伤痕累累。

老人看着财富的落空，伤心地落下了眼泪，只能把那条大马林鱼的骨架拖了回来。

这本书就是海明威生命的后期最后的一部作品《老人与海》。而海明威在写完这部最优秀的作品后，直到最后的自杀都未曾发表过任何作品。

1954年，瑞典文学院作出决定，将当年度的诺贝尔文学奖颁发给海明威。消息不胫而走，到处都有人在谈论"老海明威"，而事实上当时海明威才55岁。

纽约《世界电讯报》用"老海明威捕捉到海里最高贵的鱼"作为头版通栏大标题，欣喜地报道了这则喜讯。

斯德哥尔摩的诺贝尔奖金委员会多年来一直在考虑授予欧内斯特·海明威诺贝尔文学奖。上一年评选海明威的呼声仅次于温斯顿·丘吉尔。

而现在，当欧内斯特·海明威两次死里逃生以后，瑞典诺贝尔奖金委员会认为，他应该立即荣获诺贝尔奖金，以防"他会自己送命"。

瑞典人承认文学天才时总想抢在他们最喜爱的获奖者健在时向他表示敬意，免得这位似乎在寻求死亡的作家先一步把自己送进死神的魔爪。

当然，海明威两次死里逃生促使瑞典文学院尽可能快地把诺贝尔文学奖颁发给他，但是最重要的原因还是因为他的杰作《老人与海》。

斯德哥尔摩的瑞典文学院常务秘书安德斯·奥斯特林博士宣布说："勇气是海明威的中心主题，是使人敢于经受考验的支柱。勇气能使我们坚强起来，迎战缺乏勇气时看来是严酷的现实，敢于喝退大难临头时的死神。"

《纽约时报》文学评论家撰文说，毫无疑问，瑞典文学院将这一年的奖金颁发给了最佳人选。

有人评论说，海明威参加过5次战争和6次革命，每次都亲临火线，出生入死；最近又连续两次发生坠机事件，差点儿死于非命。

瑞典文学院之所以这么快就颁奖给他，实在是怕他随时都会被淹死或坠机死亡，没有了机会。

但是不管怎么说，他是继刘易斯、奥尼尔、赛珍珠、福克纳之后美国第五位诺贝尔文学奖得主。他为祖国争得了荣誉。

海明威在瞭望山庄收到了电报，他激动得热泪盈眶。多少年的辛苦写作，多少个夜晚的孤苦难眠，今天终于得到了社会的认可，欣喜之情溢于言表。玛丽和他的家人也多为他感到高兴。

遗憾的是海明威当时两次飞机失事，没能亲自去斯德哥尔摩领取奖金，只能委托驻斯德哥尔摩的美国大使代表作家本人和他的国家出席庆典，并代表海明威在斯德哥尔摩市政厅内举行的传统宴会上朗读了他从古巴寄去的答谢辞。

"勇气有两种，一种是体力上的勇气，即临危不惧的勇气。另一种是精神上的勇气，即不论受到外界当局的追究还是受到内在的力量即良心的谴责时敢于负责的勇气。这里，我们只讨论第一种勇气。

"临危不惧的勇气又分为两种。一种可能是漠视危险，其根源也许出于个人躯体或者蔑视死亡，或者习惯如此。出于这几种根源的任何一种勇气，都应视为永久不变的勇气。

"另一种可能来自积极的动机，例如自尊心、爱国心、形形色色的激情。这种勇气不是经常的状况而只是感情冲动。不难明白，这两种勇气表现的方式不同。

"前者可靠，因为这成了人的第二天性，决不会舍他而去；后者则往往使人走得更远。前者更坚定，后者更胆壮。前者使人判断明确，后者有时提高其威力。两者相结合就组成最为完美无缺的一种勇气。"

海明威成功了，紧随着诺贝尔奖而来的是普利策奖，《老人与海》风靡全世界。他的事业获得了极大地成功。

同病痛作斗争

　　海明威老了，年轻的时候上过战场，给他的身体留下了无数的创伤，这些伤痛到了老年就变得更加严重。

　　更为重要的是，海明威两度死里逃生，又坚持着创作不肯放手，给他的身体健康蒙上了一层阴影。

　　海明威遇到过那么多的变故，遭受过那么多的创伤和不幸，所以他说："我简直弄得遍体鳞伤，所以人们都把我叫做吃子弹的狂人。"

　　海明威老了，战伤加上飞机失事带来的创伤以及其他伤害，最终演变成了各种疾病，高血压也是缠绕海明威晚年身体的一种顽疾。

　　一位著名的精神病学家曾经建议说，高血压患者的家里都该养一只猫。鸟类是机警而过敏的生物，爱跳，易惊，难以驯服。

　　但猫是温和的，在明亮的阳光下睡觉时还要用爪子捂住眼睛，醒来时伸个懒腰，张开嘴打个哈欠，看猫能使人得到休息。

　　于是，海明威听从了医生的话，瞭望山庄里养了很多懒猫懒狗。他那仿佛与世隔绝的庭园里绿树成荫，盆花争艳，凉风习习。这种幽静的环境是专为满足海明威的需要创造的。

　　这是哈瓦那郊外群山之中的幸福生活，但是海明威每况愈下的健康状况却打破这一切,迁离这里成为势在必行的事情。

热带气候会使皮肤没有晒成棕色的人出汗致死,对于一位患有高血压症、日益恶化的皮肤癌以及早期糖尿病的孜孜不倦的作家来说更是吸血鬼。

海明威选中了爱达荷州。那里的气候凉爽宜人,野花缤纷,湖泊澄碧,溪流蜿蜒,无人捕鱼,只见麋鹿出没,而且又是野鸭大雁等候鸟迁徙的必经之地。

海明威和他的夫人带着他们的猫猫狗狗和一大堆书籍迁到了新居。在那里,他又开始了他艰苦卓绝的写作。

"当我写书或一个短篇时,每天早上天一亮我就开始工作。这种时候绝对没有人打扰我,天也凉快。有时很冷,但一开始工作,写着写着就暖和起来。我先把前面写好的东西看一遍,然后再接着往下写,一直写到我仍然有东西要写的地方停下来。"

有人问他,他认为训练一个新作家最好的办法是什么。他回答说:"比方说,如果年轻作家发现写出好作品是几乎不可能的大难事,那他就去上吊吧!然后别人不管这些,把他解救下来。这样,至少他一开始就会有上吊的事情可写了。也许从此他将自强不息,力尽所能,努力写作。"

但是,他已经意识到他不再像他所想象的那样健康了。他的病情越来越重。为了同病痛作斗争,同时也为了掩盖他对自己那不中用的病体的憎恨,他大量饮酒,时常吵闹。

最后几个月里他有时东拉西扯,又似乎语无伦次。他的一位亲密朋友和热情的崇拜者谈到他的健康衰退时说:"看到这位巨人受苦,实在叫人难过。现在他认为他占有了潘普洛纳。如果他不请你而你去'过节',他就大发雷霆。"

海明威喝酒很多,而且在大多数人会喝得烂醉如泥、流出口水、倒在屋角里睡着的时候，他依然清醒如常。

在摄影记者拍的一些照片上，海明威常常把酒瓶举到嘴边，或者旁边的地板上横七竖八地躺着许多醉汉。

而海明威唯一一张不在喝酒的照片，简直就像玛丽莲·梦露会穿一件宽大的长套衫拍照一样不可想象。

海明威已经成为一个传奇人物，关于他的传说还有很多。

有传闻说海明威曾经用酒瓶没头没脑地狠揍一位拳击冠军，理由仅仅是因为他打拳击在海明威看来不规矩、不公平。

又有传闻说，海明威曾经冲进斗牛场，像搭救一个遭人毒手的美女一样把约翰·多斯·帕索斯从尖利的牛角下救了出来。

还有传说，说海明威曾经向一个法国人挑战，要同他决斗，因为他侮辱了爱芙·嘉娜。

对于海明威的慷慨解囊，在业界更是广为流传。传说在经济不景气的日子，海明威曾把自己的积蓄20000美元捐献给在纽约的作家同仁，以至于他在获得诺贝尔奖的时候欠债8000美元。

海明威的那副金属边平光眼镜也变成了一项传说，据说他戴那副眼镜是要证明他同陆军和海军的联系。而且那副眼镜戴起来并不舒服，相反还火辣辣地痛，但是海明威就是不肯换一副新眼镜。

当海明威心情好时，你问他，他的精神病医生叫什么名字，他会笑着告诉你："克朗娜……史密斯·克朗娜。"

海明威有一只猫叫博伊西。那是他根据爱达荷州首府为这猫取的名字。他十分宠爱这只猫。

> "凡是人吃的东西它都要吃"，他说，"它会嚼复合维C片，那东西比芦丁剂还要苦。我不肯给它吃降压片，它就认为我吃药瞒着它，不给它吃就让它去睡觉了。"

说来也是好笑,海明威生了病,还是他的猫陪着他吃药。

遇到好天气,海明威就沿大路散步,挥动手杖向车上乘客打招呼。这种情景比远处的锯齿山脉更使人心向往之。

当海明威觉得真正很有精神的时候,也许会对准罐子踢一脚以显示他的活力,显示他这个老人家的生命力还很强呐!

海明威真是一个懂得苦中作乐的大文学家呀!或许也正是因为他的这种乐观精神,才能写得出这么伟大的著作吧!

丧钟为作家长鸣

迁居爱达荷州以后,海明威的病情日益加重,有如乌云压顶。海明威知道,也许自己的幸运日到头了。

"我已经不再福星高照了。"海明威开始仔细考虑了将来的事,他一边搅拌着一种掺热水的烈酒一边深思熟虑。

"我年纪大了,想做一个聪明人,不讨人厌,我想看看所有新的拳击手、赛马、芭蕾舞、自行车赛车手、餐馆、佳酿、新闻纪录片,但关于其中的任何一项,我是连一行也不再写了。"

到了晚年,海明威已经不再从事写作,他的名气和著作已经足够支付起他的生活费用。

海明威的收入一直不少,而且是由他的朋友、代理人、律师兼亲信埃尔·赖斯细心经营的。在海明威成为获奖作家之后,签订出版合同时通常先支付25000美元,版税则按书价的15%结算。

此外还有一些附带权利如交由杂志发表、拍电视片、译成外文以及在报上连载等。这样林林总总算下来,每年至少都能获得10多万美元的收入。

不再忙于创作的海明威开始把心思放在了教育孩子身上。他的童年受到了父母严重的约束,所以海明威吸取了这种教训,他授权自己的孩子们,让他们按照自己的志趣发展。

外界有评论不明就里地批判他是一个不孝子,理由是他离开了老家。又说海明威是一个难处的丈夫,因为先后三任妻子都离开了他。更说他是一个不负责任的父亲,因为他总忙于自己的事情。

其实这是一种谬论,是媒体不负责任的臆测。海明威其实是一个热爱的家庭的人。约翰、帕特里克和格雷戈里都是他十分喜欢的儿子,海明威每个月都定期给孩子们送去一笔丰厚的生活费,定期都要检查孩子们的学习和生活情况。

海明威认为,孩子长大了,就应该有自己的生活,不应该再受到压制。所以在外人眼中,他成了一个只知道在酒吧中喝酒的酒鬼,而不是一个关爱孩子的父亲。

海明威的家庭关系很和谐,他的几个儿子、儿媳妇和孙子常常来看望他和玛丽。

约翰又名邦比,曾在第二次世界大战中以战略情报局军官身份荣获高级奖章。帕特里克又名莫斯,是哈佛大学毕业生。格雷戈里外号吉吉,曾在安纳波利斯的圣约翰学院受过教育。

3个孩子都跟父亲一样喜欢体育运动、捕鱼、打猎和情报工作。3个儿子为自己赢得了声誉,他这个做父亲的又是夸耀又是称赞,还把照片拿给别人看。哪怕一点点孩子们的消息也是好的,所以他总是徘徊在信箱旁等待他们的来信。

到海明威的家里来看望他的人,都意外地发现海明威是那么疲惫无力、行动不稳、言语不清,有时病得几乎朝不保夕。

海明威不情不愿地第二次到梅奥诊所就诊。梅奥诊所在明尼苏达州的罗契斯特市。

6月的炎夏酷热难当。这趟旅程不算很近，但海明威又不得不做此行。失眠之夜变得十分可怕，不正常的高血压会引起胸部病变，而这种病变又会导致精神抑郁。

此外，医生还诊断出海明威患有早期糖尿病。他本人也担心他的皮肤癌会扩散。

6月底，海明威和妻子从梅奥诊所回到家里。不祥的预测以及长时间的一连串检查和治疗，使海明威又疲倦又气馁。

玛丽早就知道海明威很疲惫，也预料到坐轿车长途旅行的劳累，以及在从明尼苏达返回爱达荷州一路上的酷热，所以她把归程化整为零，5天走完。

一回到凯奇姆的家里便觉得一切都好，于是卸下行装，开始休息。

吃晚饭时大家心平气和，融洽如常。

海明威也显得十分平静。

那天晚上，解衣就寝的时候，玛丽忽然想起了一首古老的意大利歌曲《人人夸我是金发女郎》。

玛丽穿过厅堂，来到丈夫的卧室，欣喜地说道："亲爱的，我要送你一样礼物。"

说着，玛丽就唱起了这首歌。当时海明威正在刷牙，他听了几句，漱了漱口，还同她唱了最后一句。

玛丽怎么也想不到，这就是他们共度的最后一个夜晚。

玛丽吻别了丈夫。由于旅途长时间的劳累，再加上她对她所疼爱的丈夫一路上的殷勤照应，那天晚上就像一只筋疲力尽的猫儿一样睡得很熟。

海明威却辗转反侧，久久不能入眠。往事如电影一般闪过脑海，稍一迷糊，可怕的梦魇又来折磨他。

海明威想到了他的病，想到了可怕的结局。他可不愿意躺在病床上任凭癌细胞吞噬，最后成为一具骨瘦如柴的尸体。

他想起了父亲，想起了那把枪。

清晨7时，海明威穿着睡衣走下楼来。他打定主意不去唤醒玛丽。他拿出他最喜爱的那支猎枪——他所珍视的一件郑重赠予的礼品，把枪口插在嘴里，同时扳动了两个枪机。

枪声震撼了整个屋子。玛丽本能地跳下床飞奔下楼。但是她很快就停住了脚步，愣在那里，她惊呆了。

海明威躺在血泊之中。海明威的死成了一桩说不清楚的谜案。他生前精通武器，明明是用那支双筒猎枪开枪杀死了自己，但是发现尸体的第一证人玛丽却坚持声称海明威是在玩弄枪械的时候意外走火。

仔细想想，他们夫妻感情深厚，如果海明威是蓄意自杀，为什么没有留下一封遗书呢？他死后那么大的财产又该怎么处理呢？

巨星陨落，世界各大报纸都在头版用最大最醒目的标题报道了这一噩耗。文学大师海明威的逝世震惊了全世界。

美国人民在1961年7月2日这一天为失去这位文坛上的勇士而感到震惊，报纸上以巨大的标题写出：

海明威自杀，丧钟为海明威长鸣。

海明威的朋友们和同行的作家对突然失去海明威和被他响彻全世界的枪声所震惊；所有人都体会到海明威的死贬抑了自己的生命，体会到某些重要的东西在世上绝迹了，就如同一棵高大雄伟的橡树突然被连根拔掉而倾倒了下来。

吊唁如雪花般飘来，堆满了海明威生前的那张书桌。所有人怀着无限悲痛、惋惜的心情纷纷向这位文坛巨人表示敬意。

全球数十位专栏作家，包括厄尔·威尔逊、约瑟夫·阿尔索普、约翰·克罗斯贝和伦纳德·莱昂斯等，都对这位已故知名作家表达了敬意。

美国总统约翰·肯尼迪的悼词上说：

> 几乎没有哪个美国人比欧内斯特·海明威对美国人民的感情和态度产生过更大的影响。

年逾八旬的老作家厄普顿·辛克莱说：

> 我曾力图改变这个世界，他则是如实地描写自己看到的世界。

海明威生前的好友们也纷纷来电悼唁：

> 他是个够格的完人。始终如一。他那些卓越的成就将永垂不朽。
> 他的风格深深地影响了我们所讲的故事。他是我永远怀念的一个朋友。整个国家都在哀悼他。

至于美国公众的心情，大诗人弗罗斯特在海明威自杀的次日作了恰如其分地描述：

> 他坚韧，不吝惜人生；他坚韧，不吝惜自己。值得我们庆幸的是，他给了自己足够的时间显示了他的伟大。他的风格主宰了我们讲述长长短短的故事的方法。

我依然记得我想对碰上的每一个人大声朗诵《杀人者》的那股痴迷劲。他是我将永远怀念的朋友。举国上下沉浸在哀悼之中。

海明威被安葬在他生前喜爱的一个打猎场上。他的墓地坐落在两棵松树之间，四周有青山环绕。海明威的名字刻在长方形的灰色花岗石墓碑上，也刻在了喜欢他及他的作品的人们的心里。

附：年　谱

1899年，欧内斯特·海明威出生在美国伊利诺伊州芝加哥郊区橡树园。

1909年，父亲埃德送给海明威一支一人高的猎枪。

1913年，进入橡树园高级中学学习。

1917年，海明威在堪萨斯城做报馆记者。

1918年，海明威参加红十字救护队。他在意大利受重伤，住医院治疗数月，伤愈后，以中尉军衔随同意大利陆军作战。因作战英勇而荣获美国和意大利授予的勋章。

1919年，海明威返回美国，决定当作家。

1920年，担任《多伦多明星日报》记者。

1921年，为《芝加哥论坛报》特写编辑。与哈德莉结婚。

1922年，任《多伦多明星日报》驻欧记者，开始与格特鲁德·斯泰因等名流交往。

1923年，第一部著作《三个短篇小说和十首诗》在巴黎出版。同年，长子出世。

1924年，《在我们的时代里》出版。与哈德莉离婚。

1926年,《春天的激流》和《太阳照样升起》先后出版。

1927年,与波林·法伊芙结婚。

1928年,次子出世。父亲埃德·海明威自杀。

1929年,《永别了,武器》出版,成为最伟大的战争小说之一。第三个孩子出世。

1930年至1932年,定居基韦斯特,创作《午后之死》。

1933年,《永别了,武器》拍成电影。赴非洲狩猎。

1934年至1935年,追忆非洲之旅的《非洲的青山》一书出版。

1936年,《有钱的和没钱的》出版。以战地记者的身份投入西班牙内战。

1940年,《丧钟为谁而鸣》出版。在古巴购买瞭望山庄。与波林离婚。

1941年,与玛莎结婚。

1942年,参加美国海军。

1944年,驾驶"拜勒号"在加勒比海搜索德国潜艇。作为战地记者前往英国和法国。与玛莎离婚。

1945年,在第二次世界大战中,海明威与地下抵抗运动一起英勇杀敌,协助解放巴黎。

1946年,与玛丽结婚。重返古巴定居。

1950年,《过河入林》出版。《有钱的和没钱的》拍成电影,改名《溃点》。

1952年,《老人与海》刊登在《生活》杂志上,并出版单行本。

1953年至1954年两年间,海明威遭遇两次飞机失事。荣获普利策奖和诺贝尔文学奖。《老人与海》成为他作品中的瑰宝。